山口拓朗

凡事取決於「理解力」！

瞬間掌握本質的關鍵思維

楓書坊

凡事取決於「理解力」！
瞬間掌握本質的關鍵思維

出　　版／楓書坊文化出版社
地　　址／新北市板橋區信義路163巷3號10樓
郵政劃撥／19907596　楓書坊文化出版社
網　　址／www.maplebook.com.tw
電　　話／02-2957-6096
傳　　真／02-2957-6435
作　　者／山口拓朗
翻　　譯／胡毓華
責任編輯／陳亭安
內文排版／楊亞容
港澳經銷／泛華發行代理有限公司
定　　價／420元
初版日期／2025年8月

國家圖書館出版品預行編目資料

凡事取決於「理解力」！瞬間掌握本質的關鍵思維／山口拓朗作；胡毓華翻譯. -- 初版. -- 新北市：楓書坊文化出版社, 2025.08
面；　公分

ISBN 978-626-7730-31-7（平裝）

1. 思考　2. 思維方法

176.4　　114008884

序

「理解力」到底是什麼？如果有人問我的話，我會這麼回答：

能翻過「自以為已理解」的高牆，更進一步深入理解的能力。

肯定有讀者心想：「你在說什麼？又不是在禪學問答。」對吧？

不過，就算這樣，我也不打算收回這個答案。

我猜，你們期待聽到的，大概是以下這樣的回答：

指的是正確掌握事物的背景、情況、關聯等等的能力。

這個答案的確也沒錯。

這個答案是在你們實踐這本書的內容以後，最後到達的終點。

不過，若要衝過終點線，就必須具備這種能翻過「自以為已理解某事」的高牆，並更進一步理解的能力。

在我們「自以為已經理解」的那一刻，理解力便不會再提升。

看完這本書以後，就算你們把所有的內容都忘記了，也請別忘了這句話：

翻過「自以為已經理解」的高牆吧！

前言

想一想，有沒有人跟你說這樣的話呢？

「為什麼我說的你都不會？」
「你聽得懂我說的話嗎？」
「你有沒有好好看完文章？」
「你要我說幾次才會懂？」
「我是不是說過我希望你這麼做？」

還是，你自己會有以下這些想法呢？

「（腦袋一片空白）完全聽不進去別人在講什麼……」
「這個人說的話好難，我根本聽不懂……」
「我也不知道自己哪裡不能理解……」
「別人的腦袋怎麼就那麼聰明……」

理解力是任何人都要具備的一種能力，它不只能在人際溝通方面發揮作用，也能我們在採取任何行動時派上用場。

假如無法理解對方說的話，不只當下沒辦法好好應答，也容易在後續溝通時產生誤解或誤會。

如此一來，還可能造成意想不到的麻煩……

而且，理解不足就貿然採取行動的話，更可能讓自己出差錯。

工作就不必多說，不論是考試還是面試等等，也很難得到好成績吧。

就拿工作來說，當我們對於事物理解不足時，就容易出現以下這些情況：

- **工作成果不佳**
- **無法好好地表達出自己的想法**
- **給別人添麻煩**
- **受到別人的誤解**
- **經常出錯，一直在重做**
- **工作效率變差**
- **讓別人不愉快**

有「工作都做不好」煩惱的人，其實大多都有「理解程度不好」的問題。

沒搞懂足球的規則就下場踢球的人，說不定會以為可以用擒抱的方式阻止對方搶球，或是用手抓著球便朝著球門的方向衝，然後立刻領到一張紅牌吧。

不管是哪種能力，每個人的程度肯定都不同。

我並不打算討論程度高低的問題。

這本書要跟各位分享的，是只要透過改變些微的意識及行動，不管是誰都能提升的理解力。

這本書主要在探討如何「提升」你的理解力。

一切的工作始於「理解」。

一切的人際關係始於「理解」。

一切的行動始於「理解」。

鍛鍊理解力，就是在提升工作、課業以及人際關係的表現，是提高人生品質的不二法門。

你認為「具備理解力的人」是什麼樣的人？「理解程度好的人」應該是在聽完對方說話後，就能瞬間掌握事物本質，也就是「具備良好洞察力的人」，對吧？

在這些人當中，甚至還有「聞一知十」的高手。

有個詞叫做「隨機應變」。「隨機應變」指的是「根據當下的情況變化，採取適合的因應之道」。只要我們的理解力夠好，其實也能掌握這種厲害的技能。

也就是說，理解力夠好的人就有機會收獲以下的好處：

- **能順利地跟別人溝通**
- **能以簡單明瞭的方式表達（傳達）訊息**
- **能正確地評論、分析事物**
- **想法多元豐富**
- **能採取因地制宜的行動**
- **能毫不猶豫地朝著目標或夢想邁進**
- **能提供對方所需的東西**
- **即使進入AI時代，也能成為不被取代的人才**

假如你想成為工作上的強者，或希望提升與人溝通的能力，那麼不論如何，都一定要好好鍛鍊你的理解力。

理解，就是正確認識這世界的狀況、本質、方法、組成……最好的方式。

提升這項能力，就能為你的人生帶來翻天覆地的變化。

「我們來學習理解的方法吧。」

很可惜，在我們的學校教育中，並沒有老師會教導我們這件事。

於是，才有了這本書的誕生。

這是解說關於學校沒有教的「理解方法」一本書。

誠摯希望這本書能夠幫助你提升理解力。

凡事取決於「理解力」！瞬間掌握本質的關鍵思維　目次

序
前言　10

第1章
提升理解力的必備認知

1 「理解力」到底是什麼？

為什麼理解力可以提升？　24
你對於「哪些事情」理解到「什麼程度」呢？　27

2 首要任務是打造「理解思維箱」

「理解思維箱」是什麼？……29
「自以為已經理解」是最大的敵人……32
「理解思維箱＝基模」……35
解讀力不可或缺的「推測力」①……40
解讀力不可或缺的「推測力」②……44

3 「理解力」的必備要素是什麼？

做到理解的4個過程……50
理解的必要3步驟……56
步驟①理解「詞語」……56
步驟②以「主幹↓分枝↓末葉」來理解……60
步驟③以「批判性思考」加深理解……63

要注意妨礙理解的「認知偏誤」① …… 67
要注意妨礙理解的「認知偏誤」② …… 69

第2章
步驟① 理解「詞語」

1 「理解詞語」是第一優先事項

「詞語」就是資訊 …… 74
提升理解力的關鍵是「學習語言」 …… 77
將詞語收藏在「大腦知識庫」 …… 80
仔細確認「詞語的定義」 …… 84
你能清楚解釋這個詞語嗎？ …… 88

2 有效率解讀文章的「理解文句脈絡」

這個社會所要求的「理解文句脈絡的能力」……92
理解文句脈絡的趣事①……93
理解文句脈絡的趣事②……96
提升「文句脈絡理解力」的必要鍛鍊……99
擺脫「手機腦」是提升理解力的關鍵……102
缺乏語法的溝通使人失去表達能力……108

3 「聆聽」可以加深理解

「好好聽」是理解的第一步……111
用「仔細觀察＋發揮想像力」來理解……115
要確認「專有名詞」及「數字」……118

4 用書本、小說、電影鍛鍊理解力

透過閱讀鍛鍊語言能力 …… 121
理解力好的人都會做主動式閱讀 …… 126
以「書寫淺顯易懂文句」鍛鍊理解力 …… 132
以小說與電影鍛鍊人際理解力 …… 134

第3章 步驟②以「主幹→分枝→末葉」來理解

1 理解的基本原則是「先整體，後細節」

先掌握主題，再進入細節 …… 142

對話（文章）的主幹（整體）是什麼？……146

2 加深理解的13個方法

加深理解的方法①「寫出來」理解……152
加深理解的方法②以「順藤摸瓜」的方式去理解……154
加深理解的方法③邊「比較」邊理解……157
加深理解的方法④用「圖表」輔助理解……160
加深理解的方法⑤用「邏輯關係」去理解……166
加深理解的方法⑥透過「具體實例」去理解……170
加深理解的方法⑦透過「五感」去理解……173
加深理解的方法⑧透過「摘要」去理解……176
加深理解的方法⑨至少要掌握「主語」跟「謂語」……184
加深理解的方法⑩透過「5W3H」去理解……187

加深理解的方法⑪ 用「因數分解」去理解 …… 191
加深理解的方法⑫「站在對方的立場」去理解 …… 195
加深理解的方法⑬ 結合「理解思維箱」去理解 …… 199

第4章 步驟③ 以「批判性思考」加深理解

1 具備批判性思考才不會囫圇吞棗地接收資訊

「批判性思考」是什麼？ …… 204
「主動積極」去理解 …… 207
理解不可或缺的「鳥眼」與「蟲眼」 …… 210
別被對話或文句的「不合理」給騙了 …… 216

非知不可的2個「理論結構」……220

2 積極主動地加深理解的方式

用「朗讀」提升理解度……224
不停地「提問」加深理解……228
建立「假設」加深理解……231
一邊進行「反論」一邊理解……234
透過「討論」加深理解……237
透過「體驗」去理解他人的感受……240
接受「意見回饋」更能理解……242
「筆記」是幫助理解的工具……244

第5章

工作上必須理解的10件事

1 確認自己需要理解什麼

理解自己「需要先理解什麼」……252
需要先理解什麼① 理解「目的」……254
需要先理解什麼② 理解「主題與構想」……258
需要先理解什麼③ 理解「運作體系」……260
需要先理解什麼④ 理解「理由」……262
需要先理解什麼⑤ 理解「背景」……265
需要先理解什麼⑥ 理解「前提」……267
需要先理解什麼⑦ 理解「現況」……270

需要先理解什麼⑧ 理解「風險」……272
需要先理解什麼⑨ 理解「角色」……274
需要先理解什麼⑩ 理解「行動」……276

第6章

將「理解」運用在輸出行動

1 以具體輸出行動，使理解真正內化
理解是為了輸出而存在……280
從理解出發，做出「選擇與決定」……284
從理解出發，精進表達及寫作方式……288

2 解讀對方的理解程度

理解時別讓「情感」介入……295
讓「動機」成為理解的動力……299
如何判斷對方是否理解……302
透過「即時暫停」重新思考與檢討……304
透過輸出行動提升理解……307
不要逃避「理解他人」……311

結語

插圖　坂木浩子（poruka）

第 1 章

提升理解力的必備認知

1

「理解力」到底是什麼？

為什麼理解力可以提升？

我是一個理解力比別人都強的人嗎？

這個問題的答案是「ＮＯ」。

至少在出社會之前，我的理解力都跟別人差不多，甚至比別人還要差。

直到某個時期，我的理解力才大幅增進。

那時，我在出版社工作，不只當過記者，也當過編輯。

在當記者的那段時間，我要奔走全國各地，每個月採訪好幾十位受訪者，然後將採訪內容撰寫成雜誌文章。

若要用簡單的一句話寫出處理採訪資料的流程，那就是「先理解採訪資料，再根據理解寫成文章」。

其中特別重要的過程，就是想辦法從受訪者口中獲得訊息，然後去理解那些訊息的含義。

要引導受訪者分享有趣、吸引人的訊息，那麼我還必須著眼於事物的背景或前提，不能只看對話的內容而已。

所以，最重要的一點就是去理解，也就是「觀察」受訪者的話語、表情、肢體語言等等。

記得剛進出版社時，我一點都不理解受訪者說的話有哪些含義，腦中經常滿是問號。發生這樣的情況當然也是因為我具備的知識不充足，但除此之外，更是因為我還沒辦法掌握到理解採訪內容所需的關鍵。

我有好幾次都因為理解錯誤，結果在撰稿時寫出錯誤的內容（所以也被總編輯臭罵好幾頓）。

我若因理解錯誤而寫出內容有誤的文章，將會導致雜誌的信譽受損。

因此，我要寫出好的文章的話，無論如何都必須具備「強大的理解力」。

為了正確理解受訪者說的話，我也下了非常多的功夫。

而我從前下過的那些功夫，正是我寫進這本書裡的內容。這些內容都是讓我漸漸培養起理解力的一些技巧，對於理解力愈差的人就愈有用。

你對於「哪些事情」理解到「什麼程度」呢？

我先問一個問題。你覺得冰箱是什麼？

「冰箱？不就是……用來低溫保存食物的電器？」

你是不是也會回答類似的答案呢？這個回答的確沒錯。

那麼，你覺得自己稱得上「理解」冰箱嗎？

這個回答，只不過是證明你理解「冰箱的使用目的」。

你能夠針對以下的①及②進行說明嗎？

①冰箱的製冷構造

②冰箱的發明及歷史

看到這兩點，你肯定開始覺得苦惱吧？

我想，幾乎所有人都無法完整說明這兩點，只有少數人能稍微說明一些，而能夠詳細說明的人則是少之又少。換句話說，我們了解的都是「冰箱的使用目的」，除此之外的相關訊息，大概是不太……不，應該說是幾乎不了解。

對於事物聚焦的點不同，就會影響我們「是否理解」或是理解程度的不同。

不管面對任何主題、情況，我們都必須去思考自己「理解了什麼」以及「理解到什麼程度」。

2 首要任務是打造「理解思維箱」

「理解思維箱」是什麼？

我們都會使用「理解思維箱」去理解事物。

舉例來說，我們在看電影時，都會運用自己腦中的「理解思維箱」，去理解那部電影。腦袋裡只有「劇情」理解思維箱的人，就會以劇情的「完整性」、「有趣性」作為他們選擇或評價電影的基準。

相反地，就算電影的劇情再平凡，具備「情感描寫」或「社會問題」等理解思維箱的人，就能使用「情感描寫」的理解思維箱，說出「我能體會加害者殺害死者的那種心情」的感想，或使用「社會問題」的理解思維箱，講出「這部電影描寫出受刑人在刑期期滿後，難以被接納的日本社會縮影」等感想。

腦中只有「劇情」理解思維箱的人若是寫出這些感想，那真是實屬罕見。畢竟，不具備某種「理解思維箱」的話，就等於「沒辦法（主動地）思考」相關的問題。

我們常說一個人的「觀點深入」或「觀點膚淺」等等，其實差別就在於「理解思維箱」的種類「多寡」。

理解思維箱種類愈多的人，就愈能從各種不同的角度去深入理解。

因此，他們便能夠真正做到本質上的理解。

這樣的概念也可以完全應用在我們的工作。

關於企劃、關於商品、關於案件、關於客戶……你具備了哪些「理解思維箱」呢？

工作表現愈好的人，其實就具備愈多種類的理解思維箱，所以他們不會在理解上出現「紕漏或不足」，並且有效率地交出亮眼的成績。

因此，若不設法增加「理解思維箱」的種類，就不可能提升理解力。

「自以為已經理解」是最大的敵人

阻礙我們真正理解的最大敵人，就是「自以為已經理解」的狀態。

我就用前面提過的電影來舉例說明吧。

對於只具備「劇情」理解思維箱的人來說，他們會認為「理解劇情」就等於「理解這部電影」。

這就是我說的「自以為已經理解」的狀態。

換句話說，其實就是「沒有其他需要我理解的事情」的狀態。

對於這些人來說，肯定覺得這樣的狀態過得很舒服吧。

所以，我才說這是最可怕的一件事。

因為他們處在「認為自己已經了解透徹」的狀態，所以他們的思考就不可能觸及其他應該也要深入理解的事，例如：「情感描寫」或「社會問題」。

這些「自以為已經理解」的人可說是目光如豆、坐井觀天

不只如此，他們甚至都不覺得自己的理解過於膚淺、不夠嚴謹。

相反地，具備「情感描寫」或「社會問題」理解思維箱的人，則能進一步加深理解的深度。

他們能運用「劇情」以外的理解思維箱，將目光擺在「主角採取這種行動的背後原因是什麼？」「這部作品背後隱藏了哪些社會議題？」「為什麼導演要用這個角度進行拍攝？」等劇情以外的部分。

如此一來，他們便能從不同的角度進行思考，達到更深層次的理解。

理解流於表面的人與多方深入理解的人，經常出現「話不投機」的情況（因為彼此的理解存在著太大的落差）。

真正具備強大理解力的人，甚至在覺得自己「理解」時，還是會習慣地反思自己是否真正理解，問自己：「我是不是以為自己理解了，但其實並不然？」或：「我還能不能從其他角度進一步地深入理解？」

他們不會因為自己從「尚未理解」轉變成「理解」的狀態，就感到心安或滿足，而是始終懷抱著「我想更深入理解」的求知欲。

正是這樣的不滿足，讓他們培養出「以各種角度觀察事物的視野」，以及「深入思考的能力」，並且進一步打造出新的「理解思維箱」。

所以，如果要提升自己的理解力，那就要養成反思的習慣，問自己：「我是不是以為自己已經理解了？」

意識到仍存在著自己尚未看見（或尚未察覺）的理解，是擴展「理解思維箱」的第一步。

「理解思維箱＝基模」

在認知心理學中，有個「基模（schema）」的理論。

基模是關於「理解過程」的一種概念。

簡單來說就是「我們在接收到新的訊息時，會運用個人已知的資訊，去理解事物的一種機制」。

這個理論就是我在前面說的「理解思維箱」。

我們在理解事物時，都會運用自己腦中的「理解思維箱」。

具備愈多種類的「理解思維箱」，或是這些理解思維箱中具備愈豐富的資訊，我們就能做到迅速且確實的理解。

以下的①～③是關於某樣物品的敘述。

你覺得這是什麼物品呢？

①一種能將電訊號振動轉換為聲波的裝置

②用來聆聽收音機、電視或音響等設備的聲音

③放入耳內時會在鼓膜附近發出聲音，因此能更強烈感受音響效果

答案是耳機。有些人看到敘述①或②時，也許就猜到是「耳機」，但如果只看①或②的話，其實也可能是「喇叭」或「頭戴式耳機」等其他選項。

而透過敘述③「放入耳內時會在鼓膜附近發出聲音」，便能確定這項物品指的是「耳機」。

為什麼我們接收到①～③的資訊後，就會知道這些敘述指的是「耳機」呢？

那是因為，我們的腦袋具備了關於「耳機」的一般知識（＝理解思維箱）。

在這個關於耳機的「理解思維箱」中，則包含「等於將小型音響放入耳中」等無數的詳細資訊。

假如我們從未使用過耳機，或是根本不曉得存在著耳機這種設備，那麼就算接收到①～③的資訊，也無法理解指的就是「耳機」這項物品。

那麼，如果是關於工作呢？

一般來說，比起才剛出社會工作一年的人，出社會工作五年的人通常會有更好的工作能力。

這是因為，他們具備愈來愈多關於工作的「理解思維箱」。

如何策劃企劃案、關於商品的開發流程、如何應對客戶、如何進行銷售或推廣業務、在會議中如何做出決策……

過去的經驗與知識，都成為了一個又一個「理解思維箱」，保管在每個人的腦袋裡。

只要大腦知識庫愈來愈充實、愈來愈與時俱進，這樣就算接收到意料之外的新資訊，也能夠迅速且確實地去理解。

如此一來，我們的說話、書寫、行動等表達能力，也會愈來愈好。

這本書要告訴各位如何提升理解力，而提升理解力的核心，就是充實與更新收納著各式各樣的「理解思維箱」的「大腦知識庫」。

增加大腦知識庫的「理解思維箱」

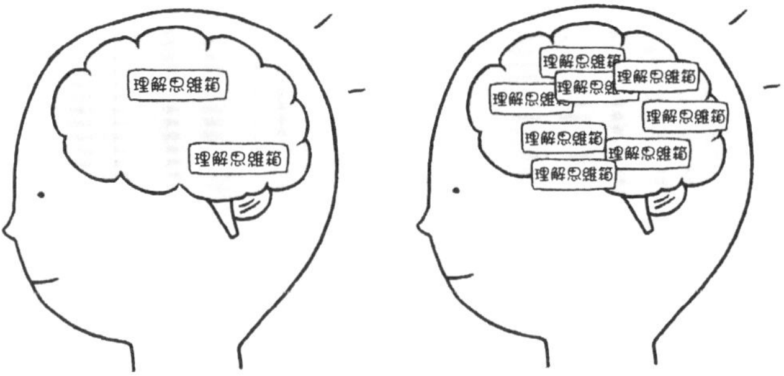

理解思維箱的
數量過少，
無法準確判斷事物

理解思維箱的
數量愈充足，
愈能準確理解事物

若要在各種情況下做到深入理解，
就要準備好各種理解思維箱。

解讀力不可或缺的「推測力」①

我們在閱讀文章時，都會運用各式各樣、大大小小的「理解思維箱」。

> 與C公司討論後，我們決定好演講會場，以及預計在春天發售的商品Z的企劃。至於來賓座位的分配，則在下次開會時討論。

我想，各位在閱讀這段文章時，恐怕都是「大致」理解吧。

這裡說的「大致」，是從「語文角度」出發的。

文章提到「來賓座位的分配」，你覺得指的是「哪裡」的來賓座位分配呢？

沒錯，指的是演講會場的「來賓座位的分配」。

說來也真是神奇。

這段文章明明就沒有寫出「演講會場的來賓座位的分配」，但你為什麼知道是「演講會場的來賓座位的分配」呢？

那是因為，你從腦中圖書館拿出「理解思維箱」，並且使用它進行推測。

・演講的會場

・預計在春天發售的商品Z的企劃

在這兩個資訊中，與「來賓座位分配」的關係更密切的，是「演講會場」。在「演講會場」的資訊中，更包含大大小小的詳細資訊，包括：會場規模、交通方式、場地布置、容納人數上限、場地租借費用等等。

「演講會場」的資訊可說是「關於演講會場的理解思維箱」。

正因為具備這個理解思維箱，所以你才能夠理解前面的那段文章。

相反地，在「預計在春天發售的商品Z的企劃」的理解思維箱中，則不包含與「來賓座位分配」相關的資訊。

而我們就會像這樣，在很短暫的瞬間進入思考，思考哪些資訊之間的關聯性比較強？哪些資訊之間並沒有關聯性？

再來看另一段文章。

> 與C公司討論後，我們決定好演講的會場，以及預計在春天發售的商品Z的企劃。至於價格的部分，則會在下次開會時討論。

你覺得這段文章說的「價格」，指的是「什麼」的價格呢？

・演講
・預計在春天發售的商品Z

這兩個資訊都跟「價格」有關，因此我們無法判斷哪個更有關聯性。

我們可以把這個價格想成是演講的門票價格，也可以想成是商品Z的販售價格。我只是像這樣將前面提到的「來賓座位分配」替換成「價格」，理解的難度瞬間就變高了。

顯然可見，能確實讀懂字面上的意思，並且理解其中包含的資訊，真的是一項非常重要的能力。

然而，有時文章（話語）並不會總是呈現出某些資訊的真正含意、資訊之間的關聯性。

我們在閱讀文章或聽別人說話時，還是必須要主動去推測「未言說（看不見的）資訊」。

解讀力不可或缺的「推測力」②

我們在閱讀小說等書籍時，同樣也要發揮推測力。

「健司啊！多久沒看到你了！最近好嗎？有沒有好好吃飯啊？」
「我很好。我後天要面試，9點去。」
「是喔。祝你這次面試順利。只拜託你一定要設好鬧鐘起床。」
「放心，我已經拜託雄一郎叫我起床了。」
「為了保險起見，我覺得你還是多設定幾個鬧鐘比較好。」

「我知道啦，你不用擔心啦。」

「面試要好好發揮喔。」

「嗯嗯，這個不用擔心。畢竟我找工作的經驗可豐富了。」

「真的受不了你！就是因為找了那麼多次工作，才讓人擔心啊！」

從這段對話當中，你理解了哪些事呢？

・健司後天要去面試

想必你應該掌握到這則資訊。

那麼，這時的你也覺得還有以下這些情況嗎？

・健司沒辦法早起
・健司還在找工作
・健司一直沒被錄取

然而，這些資訊並未清楚地以文字呈現在對話當中。

也就是說，你推測出一些並未以文字呈現的資訊。

至於你為什麼能推測出這些資訊，則是因為你根據他們兩個人的對話（資訊來源），運用了大腦知識庫的「理解思維箱」。

當我們看到與健司對話的人說：「我只拜託你一定要設好鬧鐘起床。」後來又叮嚀健司，對他說：「我覺得你還是多設定幾個鬧鐘比較好。」我們就會理解到一件事，那就是「健司（大概）沒辦法早起」。

至於「健司一直沒被錄取」則是透過「祝你這次面試順利」以及「我找工作的經驗可豐富了」推測得知的。

如果只看這段對話，我們當然還是有很多事情無法得知。

誰在跟健司說話？

我想，大多數的人也許都會推測這個人是「健司的媽媽」吧。

不過，你們為什麼會做出這個推測呢？

如果這個人是健司的戀愛對象呢？你覺得會很奇怪嗎？

跟健司對話的人，當然也可能是他的戀愛對象或是朋友。

現在，我會重新閱讀這段對話，然後去連接大腦知識庫的「母子關係」、「情侶關係」、「朋友關係」等等的「理解思維箱」。

然後，我根據這個人對於健司的說話語氣、非常擔心健司的樣子，判斷應該將此人推測為「健司的媽媽」比較妥當。

那麼，你覺得雄一郎又是誰呢？

對話中沒有任何關於這個人身分的線索，不確定是健司的兄弟還是朋友。不過既然健司都能拜託對方叫他起床，想必應該是跟他關係很好的人吧。

我們都會像這樣運用已知的知識或對話（也就是理解思維箱），進行分析及比較，然後去推測文章或對話當中沒有明說的事（言外之意）。

而這種推測力，也是我們之後在提到「讀懂前後文」時所使用的能力。

若要發揮推測力，那就必須充實與更新大腦知識庫。

我們平時就要養成充分運用「理解思維箱」，並且積極推測的習慣。要是習慣偷懶不去推測的話，這些「理解思維箱」就會逐漸荒廢。

換句話說，萬一遇到緊急狀況，或許就無法順利打開理解思維箱來使用。在各種情況下，我們都要進行各種推測，讓我們的「理解思維箱」更有機會派上用場。

3 「理解力」的必備要素是什麼？

做到理解的4個過程

各位知道我們都是透過哪些方式在理解各種事物嗎？

理解事物的4個主要方式為**「聆聽」**、**「閱讀」**、**「體驗」**及**「思考」**。

當我們認識這些理解的手段，並且在每個過程中有意識地察覺「試圖去理解的自己」，就能提升自己的理解力。

● 聆聽

聽別人說話，是我們在理解他人時，最重要的方式之一。以工作為例，不論是開會、跑業務、談工作、接待客戶，還是向主管報告、連絡及討論……我們在各種情況下，都必須「聽別人說話」。

我們便是在聆聽別人說話的同時，一邊加深自己的「理解」。

而且幫助我們在聆聽時加深理解的工具，就是「提問」。

心有疑問或覺得有不清楚的地方時，最好的方法當然是提問，如果想要詳細確認或得到更多的資訊，提問也是一個很好的方式。

提問是幫助我們從別人口中獲得更多資訊的得力好幫手。

● 閱讀

重要程度與「聆聽」不相上下的理解方式之一，就是「閱讀」。

工作上，我們要看得懂企劃書、報告書、開會資料、會議紀錄等等。近來，我們愈來愈常在電子郵件或聊天對話中傳送及接收書面資料。

在解讀文章時，事先了解文章的架構或組成也是非常重要的一點。

例如：大部分的商業文書資料，都是以「整體↓具體」的架構書寫而成。

文章的結論或大綱就像圍棋的布局階段，具體事例以及資料是中盤階段，而未來的展望、發展則是收官階段——只要稍微懂得類似這樣的理論，我們在解讀文章時關注的部分就會不同，解讀文章的能力也會提升。

●體驗

在提升理解力的方式當中，最有力量的方式則是「體驗」。

「走出去瞧瞧」、「試著做做看」、「嘗一口試試」、「用五感去感受」、「試著去體會（氛圍等等）」……這些都要我們親身去體驗。

例如：當你想要了解日本三大珍饈之一的「烏魚子」的美味時，就算別人解釋得再詳細，你對於烏魚子的理解也無法與品嘗過烏魚子的人相提並論。

沒錯，有時「親身體驗的理解」遠勝於「言語解說的理解」。

體驗過的事情更容易在腦海中留下記憶與印象，反過來說，也就是不容易從我們的大腦知識庫消失。

透過體驗去理解的人，在表達（說話、書寫、行動）時會更有深度及層次。

●思考

透過思考得到的理解，換句話說就是「自發性地察覺」。

資訊進入我們的大腦知識庫，都會被分類到各種「理解思維箱」。

例如：「馬拉松」一詞本身就具備一個理解思維箱，但也會被放入「運動」、「有氧運動」、「很辛苦」、「長距離」等理解思維箱中。

因此，當我們接觸到像是「人生很漫長（長距離）」的資訊時，腦袋也許就會浮現出「人生就像一場馬拉松」的想法，這就是透過思考得到的理解。

透過思考得到的理解也會在偶然之間形成，但如果能主動抱持「這是什麼意思」、「為什麼」、「該怎麼做」等疑問，就會更容易形成這種理解。

因為，「疑問」本身就是推動思考的「觸發點」。

無論透過哪種方式去理解，最關鍵的一點就是確定自己如何運用這些資訊，也就是如何輸出（目的）。

只要輸出的目的夠明確，這樣在接收資訊的過程中，就能更有效地篩選內容，也更容易察覺自己還缺少哪些資訊。

接觸到新的資訊後，也要去思考這些新資訊與大腦知識庫中的「理解思維箱」之間的關聯性（相似點與不同點）。

理解的 4 個必要方式

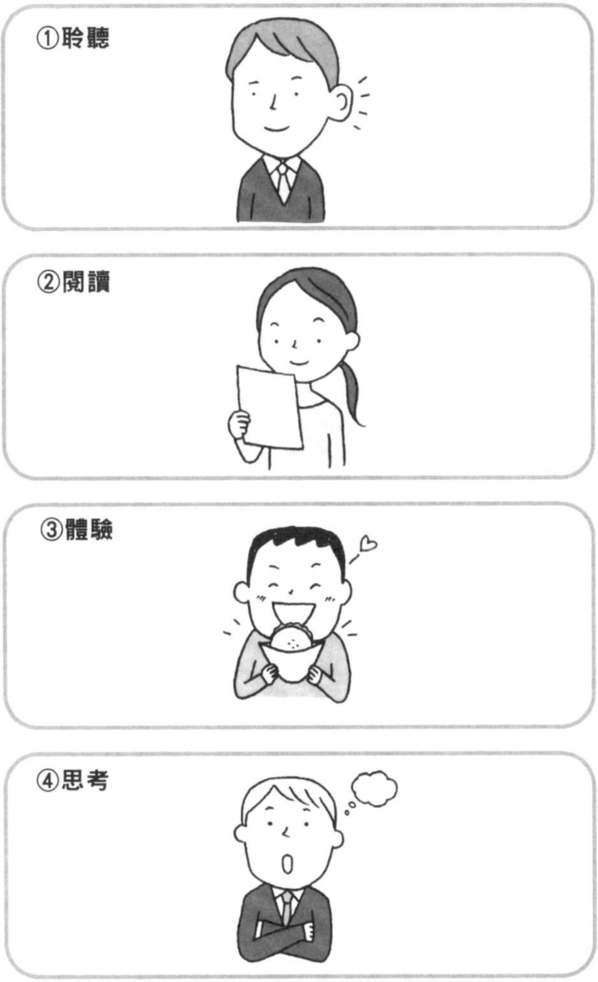

思考彼此的關聯性，會讓我們更好做出「這個概念可以跟〇〇放在同一個理解思維箱」、「我需要打造一個新的理解思維箱」等判斷。

理解的必要3步驟

我想，各位對於大腦知識庫的構造都已經有了大致的了解。

那麼我們應該怎麼做，才能擴充自己的大腦知識庫，進而提升理解力？以下是提升理解力的重要３步驟。

步驟① 理解「詞語」（詳見第2章）

理解詞語是達到所有理解的第一步。

因為，我們大多數的理解都是透過語言進行的。

如果是從未聽過的詞語，或是根本不懂這個詞語是什麼意思時，我們都無法真正地理解它。

假如我們對一個小孩子說：「有關憲法修正的討論，往往會引起正反論點的激烈爭論。」那他可能完全不能理解我們在說什麼。

因為，這句話中有太多他不懂的詞語，他可能會覺得疑惑：「什麼是憲法修正？什麼是討論？什麼是正反論點？」

假設，此時我們向孩子解釋清楚「正反論點」的意思。

那麼在他理解這個詞語代表「有支持和反對的兩種不同意見」的意思後，他的大腦知識庫就會新增一個「正反論點」的理解思維箱。

這時，如果他也察覺（或知道）「正反論點」一詞，經常出現在「討論」的情境中，那麼他也會將這個詞語收進「討論」的理解思維箱。

換句話說，每個詞語不僅都有各自獨立的「理解思維箱」，同時也會被收納在相關的理解思維箱中。

當孩子已經將「正反論點」一詞收進大腦知識庫時，日後他再聽到這個詞，就能迅速地理解其含義。

甚至未來還能夠在合適的情境下，主動使用「正反論點」一詞。這就是大腦知識庫更加完整且靈活運作的狀態。

在遇到不認識的詞語時，如果我們選擇忽略，不去確認其意思，那麼這個詞語就不會被收進我們的大腦知識庫。

但如果我們在當下就去詢問或查詢這個詞語的意思，將這個詞語與其意思連接起來，那麼它就會成為我們大腦知識庫中的「理解思維箱」。

不論是與人交談的當下、閱讀書本或資料的過程、收看電視節目等等，我們隨時都在各種情況下進行詞語的理解。

假如你是一名上班族，正確地理解自己身處的業界、公司、所屬部門，以及負責的專案等……一切與職場相關的專業用語，便能讓你的大腦知識庫更加充實並靈活運作。

讓自己的大腦知識庫更加充實並且靈活運作，則能進一步讓自己未來在接收新資訊時，提升處理資訊的速度。

因為，我們在進行理解時，都會運用大腦知識庫中既有的「理解思維箱」。

但是儘管我們費心收藏這些詞語，要是長時間擱置不用的話，就會對這些詞語愈來愈生疏，甚至從我們的記憶中消失得無影無蹤。

反之，如果經常接觸並且使用的話，我們就會愈來愈熟悉這些詞語。

如此一來，這些詞語便能隨時隨地派上用場。

掌握詞語是理解的第一步。

請各位務必記得，每一天都是「吸收新詞語的好機會」。

步驟② 以「主幹↓分枝↓末葉」來理解（詳見第3章）

在理解的過程中，有個極為重要的技巧，那就是「先理解主幹（整體資訊），再理解末葉（細節資訊）」。

請閱讀以下的文章①：

文章①

地勢平坦，最高海拔為318公尺。面積約為日本九州本島的1.23倍。已實現將IT運用在行政作業的「電子政府」，除了結婚與離婚手續，99％的行政作業皆可透過網路辦理。

大部分的人看完之後，應該都會覺得這段文章不知所云。
其實，這段文章是在介紹某個國家。
但文章未提及最重要的國名，因此我們的大腦便無法順利接收這些資訊。
那麼，請你接著閱讀以下的文章：

文章②

愛沙尼亞，位於波羅的海與芬蘭灣交界的北歐國家。該國地勢平坦，最高海拔為318公尺。國土面積約為日本九州本島的1.23倍。已實現將IT運用在行政作業的「電子政府」，除了結婚與離婚手續，99%的行政作業皆可透過網路辦理。

比起文章①，這段文章閱讀起來明顯更容易理解。

這是因為，文章在一開頭就交代了「主幹」，讓讀者知道要介紹這個國家。我們都是像這樣依照「主幹↓分枝↓末葉」的順序，逐步深入理解事物。理解「主幹」就是理解「這段話要說什麼」。

換句話說，如果我們要提升理解力，一開始就必須先專注於「主幹」，而不是急著深究「末葉」。

「這段話的主幹是什麼？」

經常像這樣思考，可以讓我們更容易理解對方的意思。

不過在我們的現實生活中，有些人在跟別人講話時，確實都會習慣省略內容的「主幹」（或許他們也是無意的）。

這時，我們就必須主動透過詢問，向對方確認這段話的「主幹」。例如：可以詢問對方：「請問你指的是哪方面的事？」

步驟③ 以「批判性思考」加深理解（詳見第4章）

前面說過，我們在理解事物時，必須確認自己「理解了什麼」以及「理解的程度」。

在面對某個事物或事件時，我們也許能理解它的A方面，卻對B方面不甚理解。

舉例來說，假設某個工作團隊的業績最近變差。

這個團隊最近不只改變了推廣業務的方式，原本都是現場拜訪，後來改成線上會談，而且團隊裡好幾位業績優異的業務員也在相繼離職。

在這種情況下，我們可能會將「業績下滑」的原因歸咎在「推廣業務的方式改成線上」或「缺乏優秀的業務員」。

只是，這樣的推測真的正確嗎？

這個團隊的業績變差的原因之一，也許只是競爭對手推出新產品，進而影響到他們的業績；也可能是市場需求本身發生了變化，導致他們公司的產品不再受到青睞。

若要達到真正的理解，就必須時刻保持質疑的態度。

這時，我們就必須進行「批判性思考」。批判性思考指的是「帶有批判性的思考」，也就是自問：「這樣的理解真的正確嗎？」

以前面的例子來說，擺脫個人的主觀判斷或偏見，對自己認為該團隊業績變差的看法提出質疑，例如：「真的只是因為推廣業務的方式轉變為線上嗎？」「真的只是因為缺少優秀的業務員嗎？」以及捨去「希望事情這麼發展」的心理，以「不帶偏見的眼光」進行觀察及分析，這就是批判性思考。

此時，從各個角度看待問題也是非常重要的一點。因為有不少的情況從A

的視角來看雖然是正確的，但從B的視角來看也許就不成立。

所謂的「不帶偏見的眼光」，也是指不忽視、排除任何可能性。

因此，過於受限於既有的理解模式並非好事。

用不同的角度去觀察，我們才可以發掘過去未曾注意的意義與價值，進而達到更深入的理解。

這樣的理解真的正確嗎？

當我們這樣詢問自己時，就會啟動批判性思考。

閱讀本書也是如此，若你在閱讀時也能運用批判性思考，就能讓自己對於「理解」的概念有更入的理解。

達到真正理解的必要 3 步驟

①
理解「詞語」
我好像是第一次
聽到這個詞語？
我來查查
這是什麼意思。
②
依照「主幹↓分枝↓末葉」的順序理解
這件事的
「主幹」是什麼？
按「主幹→末葉」的順序
去掌握
③
「批判性思考」來深入理解
新聞報導
是這麼說的。
NEWS
這樣的理解
真的是正確的嗎？

要注意妨礙理解的「認知偏誤」①

每個人都存在認知偏誤。

認知偏誤指的是「思維的偏差」，也可以說是「偏見」、「成見」、「先入為主的想法」或「刻板印象」。

如果認知偏誤的情況太過嚴重，我們看待事物時就容易帶著偏見，進而妨礙理解。

前面說過，我們都會運用「基模」（理解思維箱）幫助自己理解事物。

但是，過度依賴「理解思維箱」也不是一件好事。

因為過度依賴理解思維箱，反而有可能演變為認知偏誤，阻礙自己形成新的理解。

例如：假設在一篇文章中看到「ＳＤＧｓ」、「全球暖化」、「商業模式」等關鍵字時，我們也許就會直接認為這篇文章應該在討論「哪些商業模式有助於改善地球環境」。

但如果仔細閱讀的話，可能會發現這篇文章其實是在批判「ＳＤＧｓ的問題點」，內容完全顛覆了既有的「理解思維箱」。

所以，如果我們像這樣過於依賴既有的「理解思維箱」，可能就會削弱對於細節的關注（草草過目內容），忽略文章中呈現的全新「理解思維箱」，也就是錯過新的資訊與脈絡。

有兩個方法可以避免認知偏誤造成的不正確理解。

第一個是**意識到自己本身就帶有認知偏誤**。

第二個是**認為自己「已經理解」時，要提醒自己：「我有沒有受到認知偏誤的影響？」**

只要有這兩點意識，我們就能有效避免認知偏見造成的「錯誤理解」。

也就是突破「自以為已經理解」的高牆。

要注意妨礙理解的「認知偏誤」②

「當這位卡車司機回家時，丈夫一如既往帶著笑容來迎接她。」

讀到這句話時，你是否有一瞬間覺得「嗯？奇怪？」如果你會這麼想的話，那麼原因只有一個。

那就是因為你使用了「卡車司機＝男性」的「理解思維箱」。

然而，在我們的現實生活中，其實也有女性的卡車司機。

這段文章也確實寫出「丈夫來迎接她」。

寫文章的人實在不太可能是筆誤寫成「丈夫」。

因此，與其依賴既有的「理解思維箱」，不如專注於文字傳達的資訊，並依此進行解讀，才能更準確理解內容。

這裡有個問題要考考你。請問以下兩張圖片中的①和②是什麼？

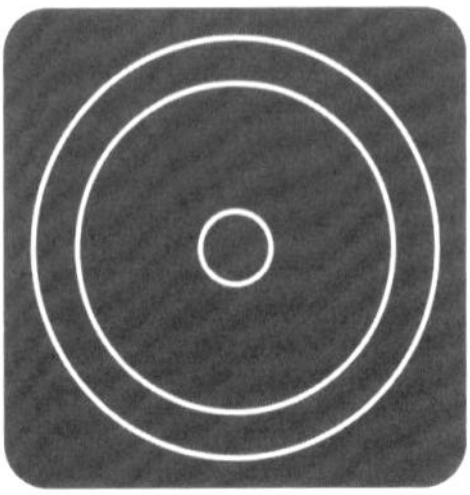

①

②

兩個圖片的答案都是交通錐（圓錐）。圖片①是從上方俯視的視角，圖片②是從底部仰視的視角。

我想，肯定大多數的人都沒發現這兩張圖片是交通錐。

因為，我們的認知（理解）都告訴我們「交通錐＝圓錐形」。

然而「交通錐＝圓錐形」其實也是一種認知偏誤。

③

也就是我們都先入為主地認定「交通錐就是這種形狀」。認為交通錐只會是圓錐形的人，根本就無法想像圖片①和②也是交通錐。

但是，其實只要稍微改變視角，就會發現圖片①和②也是交通錐。

我們在理解任何事物時都一樣。

必須時刻提醒自己：「如果從不同角度來看的話，會不會有不同的結果？」不這麼做的話，我們就很容易陷入「自以為已經理解」的狀態。

愈是覺得自己「已經理解」時，就愈應該反問自己：「我是不是受到認知偏誤的影響？」

第 2 章

步驟① 理解「詞語」

1 「理解詞語」是第一優先事項

「詞語」就是資訊

我們在理解事物時，都要使用語言。

語言本身就是一種資訊。所有的資訊一定都乘載著某種意義。正因為這些資訊具備意義，我們才能理解「它」的內容。

況且，**如今的現代社會已是高度資訊化的時代，不懂得詞語的意義便無法正確理解各種資訊，甚至可能被這個社會淘汰。**

不論是在日常生活中，還是在工作職場上，怠忽對「詞語的理解」都會帶來極大的風險。

舉例來說，「販售」一詞的意思是「販賣商品」。假如不知道這個詞語的意思，就無法理解「店面販售」、「網路販售」，「銷售策略」等相關詞語的意思。

我們在查詢某個詞語的意思時，查到的解釋也會使用到其他的詞語。

一旦在解釋中看到陌生的詞語，我們可能就無法理解後續的內容。

不論是閱讀文章還是聽別人說話，都是這樣。

要是連續出現兩、三個陌生的語詞，我們甚至可能直接「舉手投降」。

你認為你的大腦知識庫收藏多少的詞彙量呢？

這個詞彙量會直接影響到我們的理解力。

如果想要提升自己的理解力，就絕對不能逃避認識新的詞語。

遇到陌生的語詞時，絕對不能視而不見，一定要查清楚它的意思。

而且，也不能覺得自己「大概知道是什麼意思」，就當作自己懂了。是否弄清楚這些陌生的語詞，將會直接影響到我們的詞彙力及理解力。

我們必須讓自己從「大概理解」轉變成「真正理解」的狀態。而這樣的日積月累，就會為理解力打下良好的基礎。

至於要增加哪方面的詞彙量，我的建議是先從自己經常接觸的領域或主題的詞語下手。

舉例來說，如果你在服飾品牌的行銷團隊裡，那麼你就應該透過閱讀時尚相關的書籍、行銷書籍或消費行為相關的心理學書籍等等，增加你能運用在職場上的詞語。

如果你希望提升描述美感與時尚感的表達能力，也可以透過時尚雜誌等渠道，學習更多適合使用的語詞。

例如：「婉約」、「清冷」、「秀麗」、「端莊」等等，具體了解這些詞語的意思後，便能根據各種情況，使用最適合的詞語來表達。

提升理解力的關鍵是「學習語言」

前面提到可以透過閱讀書籍與雜誌增加大腦的詞語量，但如果想讓自己在閱讀時有更好的學習效果，那麼有一個關鍵點絕不能忽略。

那就是掌握「學習所需的詞語」，也就是「學習語言」。

大腦接觸的詞語，除了日常生活使用的詞語（生活語言）以外，還有學習過程需要的詞語（學習語言）。

例如：數值、製作、適當、比例、平均、評估、關聯、發展、特徵、達成、對應、確立、回應、根據、大約……這一類的詞語比較少出現在日常對話中。

不過，我們在閱讀書籍、資料、雜誌、教科書、參考書與新聞文章時，都經常看到這一類的詞語。

要是不了解這些學習語言的意思，我們就沒辦法正確理解內容。

大部分的學習語言屬於「書面用語」。

換句話說，**如果想要增進自己的學習語言能力，就必須讓自己有更多的機會接觸書面用語。**

有些人可能會說：「我經常用手機看文章，應該沒問題吧？」但是，你閱讀的文字內容，其實只是朋友之間的聊天訊息吧？

或者，只是朋友發在社群網路上的日記或隨記吧？

假如接觸的只是這一類內容，那麼學習語言能力的增進恐怕十分有限。

因為，這些文字內容大多都是以生活語言為主。

長期只閱讀聊天訊息與社群網路上的文章，會讓人習慣那些較不完整的口語用法、縮語或網路流行語，反而可能讓自己的詞彙力愈來愈差。

相反地，如果是閱讀資訊提供型的文章，例如：具備特定主題的說明文、解說文章、參考書、教科書、論文、報告或新聞文章等等，則能接觸到大量的「學習語言」。

透過逐步累積新的學習語言，才能擴充大腦資料庫，讓大腦資料庫的運作更加順利。

同樣都是閱讀同一本書，有的人能有效率地理解其中的內容，有的人則不然，而兩者的差異，往往只在於個人的「學習語言」的詞彙量多寡。

撰寫文章時也一樣，我們本身掌握多少的「學習語言」，就會影響到文章的品質。尤其是撰寫說明文、解說文、報告或合約書時，更是必須懂得許多的「學習語言」。

因此，我們平時就應該主動接觸更多的「資訊型文章」，逐步增加可運用在理解及表達時的「學習語言」。

將詞語收藏在「大腦知識庫」

正如我在第1章說過，假如我們完全不去使用收藏在「大腦知識庫」的詞語，這些詞語終究會從腦海中消失（也就是「理解思維箱」消失）。

唯有一個方法能防止大腦刪除這些詞語，那就是透過對話或寫作來「使用」。

「如果要用一句話來形容女演員〇〇的話，應該就是『溫柔婉約』吧。」

像這樣在對話中使用「溫柔婉約」一詞，就會增加「溫柔婉約」這個資訊（理解思維箱）在大腦知識庫的存在感。

透過詞語或文字的輸出，我們會更熟悉「溫柔婉約」理解思維箱的存在，未來在口頭表達或是寫作時，就會更容易使用到這個詞語。

假如看到一位舉手投足之間都散發出優雅氣息的人，腦袋便直接冒出「這個人真是溫柔婉約」的想法，正是因為這個詞語已收藏在大腦知識庫，而自己也已經非常熟悉與靈活運用這個詞語了。

相反地，假如「溫柔婉約」一詞並未收藏在大腦知識庫，那麼即使看到這樣的人，我們也無法使用詞語表達。

「該怎麼形容女演員〇〇呢……嗯……感覺還不錯吧。」

想要表達卻表達不出來，表達的人肯定也覺得很懊惱。

我們在表達時若經常出現詞不達意的情況，原因就在於大腦知識庫不夠充實（詞彙量過少），也不夠熟悉大腦知識庫裡的詞語。

- **要理解更多的「詞語」，就必須具備一定程度的「詞語」量**
- **想要表達（說話、寫作），也必須具備一定程度的「詞語」量**

首先，請務必正視這個「理所當然的事實」。

如何將詞語收藏在「大腦知識庫」

①
理解「詞語」
溫柔婉約？
是我沒聽過的詞語？
我來查查看
這個詞語
是什麼意思。
女演員〇〇真是個
溫柔婉約的人。

在對話中使用「溫柔婉約」一詞，就會增加「溫柔婉約」這個資訊（理解思維箱）在大腦知識庫的存在感。

仔細確認「詞語的定義」

在工作場合上，我們必須先弄清楚每個詞語的定義，然後與周遭的人共享這些定義。如果我們跟周圍的人對於某個詞語的定義不一致，彼此對於該詞語的理解就會出現落差，導致我們無法正確傳達出自己的想法，進而造成誤解，甚至讓對話及討論無法順利進行……產生諸如此類的問題。

例如：假設有個主管要求某個下屬去視察工廠。

這個下屬在視察完工廠之後，便向主管報告了「生產線的運作狀況」。但是這名主管卻不是很滿意。因為，他真正想知道的是「工廠生產的產品狀況」，而非「生產線的狀況」。

會發生這樣的情況，則是因為二人對於「視察工廠」的定義不一致。

主管的理解：視察工廠↓查看「產品的狀況」

下屬的理解：視察工廠↓查看「生產線的狀況」

然而，這種情況下最麻煩的一點，就是雙方都「認為自己是對的」。主管在指派工作給下屬時，並未明說要「檢查產品的狀況」，而下屬則未向主管進一步確認視察的內容，因此兩人都有責任。

再舉一個例子。

A：「我們的標誌應該設計成什麼樣子呢？」

B：「比起可愛，我還是比較喜歡帥氣一點的感覺。」

A：「了解，要帥氣一點，交給我吧！」

於是，A便依照B的意見，向設計師訂製標誌。

過了一陣子，標誌的設計完成了。

A：「B，這是設計好的標誌。」

B：「讓我看看……咦？這是什麼？」

A：「嗯？怎麼了？」

B：「這一點都不帥氣啊！很土欸！」

A：「咦？真的不帥氣嗎？」

儘管這兩個人當初達成一致的共識，最後還是演變成這樣的結果。

這樣的對話情況其實並不少見。

最終未能成功設計出標誌的關鍵，就在於雙方並未對「帥氣」的定義進行確認。假如當初在提到「帥氣」一詞時，雙方就進一步確認所謂的「帥氣風格」究竟是哪一種感覺的帥氣風格，應該就能避免這樣的結局。

舉例來說，「色彩鮮豔且流行感十足的帥氣」跟「黑白色系且低調內斂的帥氣」，就是完全不同風格的設計。

當然了，就算確定是「色彩鮮豔且流行感十足的帥氣」，細節還是不夠清楚。只有透過進一步確認顏色、調性、風格、字體等具體細節，才能減少雙方之間的代溝（對於詞語定義的差異）。

如果想真正理解一個詞語，就一定要仔細確認對於詞語的定義。

當你出現「咦？好像有點奇怪」的感覺時，請你一定要及時進行確認。

你能清楚解釋這個詞語嗎？

理解力高低的其中一個關鍵差異，在於是否能夠清楚解釋某個概念。

你能解釋「拿鐵咖啡」和「咖啡歐蕾」的區別嗎？

- **歐蕾：以滴濾式咖啡為基底，再加入牛奶調製而成的飲品**
- **拿鐵：以濃縮咖啡為基底，再加入牛奶調製而成的飲品**

若你不了解這兩者的差異，代表其實你並未真正的理解，什麼是拿鐵咖啡，什麼是咖啡歐蕾。

當然，就算你不了解拿鐵咖啡跟咖啡歐蕾的差別，這也不代表了你的理解力比一般人差。

不過影響一個人的理解能力的高低與否，其實也在於平時是否不斷累積這些各種小事的理解。

把「不知道」的事逐一轉變成「知道」的事，是我們在提升理解意識時，最重要的一點。

例如：行銷部門的人如果無法準確地理解「訴求」或「利益」等專業術語，不僅難以與相關人員溝通，更可能影響到工作成果。

若要確定自己是否真正理解某個詞語，最有效的方法就是「試著解釋」。

你可以找一個熟悉該詞語的人，然後解釋給對方聽，請對方確認你解釋的意思是否正確。

如果對方覺得你的解釋不清楚的話，那你就不算是真正理解。

相反地，能夠具體地解釋清楚意思的人，才能算是真正理解。

透過解釋詞語的意思，我們才能確認自己對該詞語的「理解程度」。

我們當然可以直接翻字典或在上網查意思，但在那之前，其實也可以試著（以自言自語的方式）先自行解釋看看詞語的意思。

試著先以自己的理解來解釋一次以後，再對比查詢的結果，就會更容易察覺兩者之間的「落差」。

也就是說，這樣會讓你清楚掌握「自己沒理解的部分是什麼」或是「自己應該理解什麼才對」。

當你發現自己的理解有些模糊不清時，正是提升理解的好機會。
試著開口解釋看看，看看自己能夠解釋到什麼程度吧！

2 有效率解讀文章的「理解文句脈絡」

這個社會所要求的「理解文句脈絡的能力」

理解詞語或其定義，是提升理解力的重要關鍵。

不過，如果我們要理解某事物，光是理解語詞或語詞的定義還不夠，更要理解文句的脈絡（上下文）。「脈」指的是「有條理分支的事物」，如：山脈、葉脈等等。同樣的，每句話或每段文字同樣也有它的「脈絡」。

何謂文句脈絡？

文句脈絡即詞句的「理論性關聯」，還包括從中可以推測出的真意、意圖、考量，以及隱藏在文句背後的訊息等。

如果不能理解文句脈絡，就容易在社會生活中遇到各種問題，包括：溝通時產生誤解、傷害彼此之間的信任、表達（說話、寫作、行動）出錯，甚至惹怒對方等等。

理解文句脈絡的趣事①

以下是某位課長與他的下屬佐藤的對話。

佐藤在會議簡報時表現不佳，於是課長給他一些建議。

課長：「佐藤啊，我看了你這幾次的會議簡報，那些坐著聽你發表簡報的人，沒有一個人有反應，你知道嗎？」

佐藤：「我知道……真的非常抱歉。」

課長：「發表簡報並不只是說你想說的內容，你還得讓人對你發表的內容感興趣才可以啊。」

佐藤：「好的。」

課長：「第一點，你的眼睛不能只盯著資料看，還必須抬頭看看底下的人。」

佐藤：「我明白了，下次一定改進。」

課長期待能看到佐藤的改變，可惜佐藤後來在發表簡報時，表現依然不好。

課長：「你怎麼看自己今天的簡報表現？」

佐藤：「我覺得今天的表現比上一次好了。」

課長：「你真的這麼認為嗎？」

佐藤：「是的，我這次好好地看在場每一個人的眼睛。」

課長：「嗯？你說你看了每個人的眼睛，所以表現得很好？」

佐藤：「是的，您上次要我好好看著每個人啊。」

課長：「我的意思是要你觀察他們的反應，想辦法吸引他們的注意力。」

佐藤：「原來是這樣啊……」

課長：「……」

這位課長聽完之後，無言以對。

佐藤並未理解課長跟他說這些話的「文句脈絡」。

只要仔細思考課長一開始說的話，就能明白「看對方的眼睛＝看對方的反應／找出對方感興趣的內容」是課長想表達的意思。然而，佐藤只是接收字面上的意思，以為「看對方的眼睛＝只要看著對方即可」。

他無法將課長之前給他的建議與「看著對方眼睛」的建議連結起來。換句話說，他沒辦法理解這段話的文句脈絡。

理解文句脈絡的趣事②

「明天可能會下雨，別讓藝人在出外景時感到困擾，拜託你了。」

假如你是接收到這項指示的ＡＤ（副導演），你會如何理解這句話呢？

文句脈絡理解能力高的ＡＤ與理解能力低的ＡＤ，理解的內容就不同。

文句脈絡理解力低的AD

要準備好雨傘，才不會讓藝人淋溼。

文句脈絡理解力高的AD

理解這項指示的本質是「不要讓藝人淋溼」和「讓藝人能好好工作」。

先確認氣象資訊，氣象預報顯示明天會下大雨，所以除了要準備堅固的大傘，最好也要準備雨衣，以防萬一。

藝人仍可能被雨淋濕，所以也要準備大浴巾及小毛巾。此外，藝人在淋雨之後可能會覺得冷，所以還要用保溫瓶裝好熱飲。

哪一方是「真正能幹的人」，已經不言而喻了吧。

兩者之間的差距並非「些微差異」，而是「天壤之別」。

- **缺乏對於（未言明的）文句脈絡以及字裡行間之意的意識**
- **缺乏探究深層含義與言下之意的能力**

文句脈絡理解能力不足的人，通常都具備以上兩點特徵。

日本自古以來就有「以心傳心」、「阿吽之呼吸（心有靈犀）」等俗諺，可見透過理解文句脈絡去理解別人傳達的訊息，早已扎根在日本文化之中。

我們絕不能只理解字面上的意思，就放心地以為自己理解對方的話，更必須有意識地留意文句背後（言下之意）或字裡行間的資訊。

提升「文句脈絡理解力」的必要鍛鍊

要提升對於文句脈絡的理解，就要強化以下5點意識。

①仔細觀察對方（表情、語氣、舉止、文字表達等）
②思考「對方想表達什麼」、「這篇文章想表達什麼」、「這件事代表什麼意思」
③思考「對方是什麼類型的人」
④思考「這件事有哪些背景」
⑤思考「這件事的『本質』是什麼」

日本搞笑團體「鴕鳥俱樂部」有個「不准推！絕對不准推我！」的經典橋段。當成員上島龍兵站在熱水池前大喊：「不准推！絕對不准推我！」以後，就會立刻被推進熱水池中。

這裡的「不准推我！絕對不准推我！」實際上是代表「快推我！」的意思。

這是一種以「製造笑點」為目的的文句脈絡。

我們的生活中也存在許多像這樣的文句脈絡。

例如：「你別跟〇〇說我做這件事，免得他覺得不好意思」的真正含義，其實有可能是「你稍微跟他提一下，但別讓他覺得我在邀功」。

欣賞詩詞、歌詞等文學作品時，往往也是以「理解文句脈絡」為前提。「這到底是什麼意思？」當你出現這樣的疑問時，不妨先仔細研究文字本身的意思，再運用自身的「理解思維箱」進行推測，就能發現隱藏的文句脈絡。

如果我們沒辦法理解文句脈絡，與人溝通時就容易出現障礙。

以戀愛關係為例，假如男生只是很疑惑：「為什麼她突然生氣了？」而未能理解自己跟女友對話的文句脈絡（＝女友突然生氣的來龍去脈），這段感情可能就會岌岌可危。

沒錯，「溝通能力」就是「理解文句脈絡的能力」。

透過加強①～⑤的意識，提升對文句脈絡的理解，**不僅能準確掌握對話與文章的意思，也會更容易讀懂對方的心情、想法，以及當下的氛圍。**

除此之外，也能培養自己立刻修正錯誤的能力，及預測未來發展的能力。

也就是讓自己成為一個工作能幹的人。

擺脫「手機腦」是提升理解力的關鍵

使用智慧型手機就能獲得資訊，真的是非常方便的一件事。

例如使用導航應用程式，就能得知抵達目的地的所有路線。

不論是新聞還是商品資訊，也明顯地加強個人化（依照每位用戶的需求提供資訊或服務）的服務。

只要動動手指搜尋，幾秒內就能找到解決問題或煩惱的方法。

一切的資訊都變得如此唾手，導致如今的我們愈來愈少動腦思考。

人類的大腦本來就有「偷懶」的傾向。

簡單來說，就是大腦會選擇最省力的方式，減少不必要的負擔。

對於我們的大腦而言，被動接受資訊就是「最理想的偷懶狀態」。

但是，這樣的狀態會讓大腦資料庫愈來愈退化，逐漸失去作用。

我在前面說過，長期不使用的「理解思維箱」會一個接著一個從大腦消失。一旦大腦的「理解思維箱」減少，思考能力也會隨之下降，進而導致理解力愈來愈差。

就像汽車愈久沒開的話，故障的風險就愈高。

我們的大腦也是如此，不常常動腦的話，大腦的功能就會逐漸退化。

X（原「Twitter」）等社群網路，其實也可能導致我們的大腦資料庫退化、荒廢。

不少人都會盲目相信社群網路上的動態消息，便以為自己「已經理解」某件事情。更可怕的，是有些人甚至會不假思索地轉發假消息、真假未知的消息，還有經過刻意拼湊剪接而成的消息。

這些人所欠缺的，正是「解讀未言明的文句脈絡」的意識，以及「自發性理解及深入思考」的習慣。

而最麻煩的，是他們往往堅信「我已經思考過了」、「我理解的是對的」。

就培養理解力而言，這種無意識的自信才是可怕的。

這樣的人就是典型的「自以為已經理解」。

「乾脆丟掉智慧型手機」、「捨棄不用社群網路」的建議，當然也不切實際。問題本身並不在於智慧型手機或社群網路，而是在於自己，是自己過度依賴智慧型手機以及社群網路，放棄了自主性思考。

若你希望克服這個問題，我建議你在心中謹記以下這句話，並在「〇〇」的部分填上自己的名字。

喂，〇〇，你是不是又「自以為已經理解了」？

在這個人手一機的網路時代，不斷對自己敲響警鐘，是提升理解力最強而有力的方法。

察覺自己是否「自以為已經理解」，也就是把自己放在「我尚未完全理解」的狀態。

當我們把自己放在這個狀態之中，才會更積極、主動地去進行理解。

只要我們能察覺自己容易陷入「自以為已經理解」的狀態，往後在接觸到任何新的資訊時，就不會輕易陷入「自以為已經理解」的情況。

・這真的是正確的嗎？

・為什麼會是這樣？

・理由與根據是什麼？
・資訊的來源是什麼？
・我能根據這項事實預測什麼？
・這項資訊背後是否還有我沒看到的部分？
・是否還有更好的方法？

透過從各種角度對自己提出疑問，就能突破「自以為已經理解」的高牆，提升理解力。

擺脫「手機腦」是提升理解力的關鍵

智慧型手機能在短短幾秒之內搜尋到解決問題或煩惱的方案，確實非常方便。

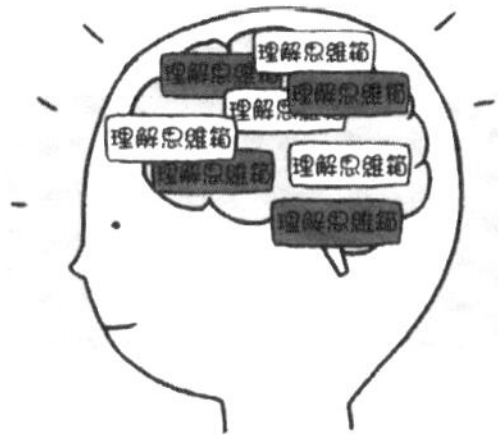

但這種便利的代價，則是大腦資料庫逐漸停滯與退化。大腦會漸漸刪除那些未使用的「理解思維箱」。

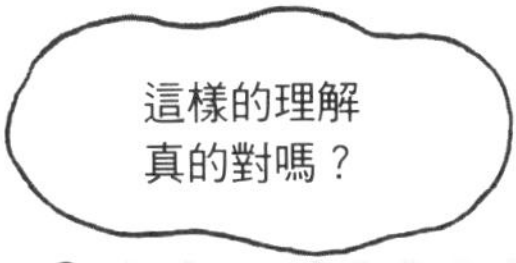

「我是不是陷入『自以為理解』的狀態？」要持續像這樣質疑自己。

養成從不同視角提出問題的習慣，
才能真正突破「自以為理解」的高牆。

缺乏語法的溝通使人失去表達能力

現在的人已經習慣使用LINE等即時通訊軟體聊天，而這樣的聊天文化其實也是讓大腦資料庫加速退化的原因之一。

當我們愈來愈習慣依賴貼圖、表情符號，就會減少使用文字表達的機會。如此一來，也導致我們難以與他人進行更深入的交流。

而我們的閱讀理解能力當然也會退化，愈來愈看不懂文句脈絡及言外之意。

然而，這種缺乏語法的溝通方式卻也愈來愈常見。

哪怕對方是再親近的朋友，要是對方突然沒頭沒尾地傳來「不得了」、「煩死了」、「有夠煩」等訊息，我們看到的當下也只會覺得摸不著頭緒。

他們直接放棄自己要表達的事，是什麼事不得了（不講清楚這句「不得了」

的真正意思）？是什麼事讓人「煩死了」？是什麼事「有夠煩」？

一個人若是連日常對話都懶得表達清楚，又怎麼可能在工作上或社會中準確地將資訊傳達給別人呢？

如果你是公司裡的主管階級，就不能默認這種毫無語法可言的溝通方式。假如下屬把報告拿給你，卻只說：「這個，給你。」那麼你就應該回答他：「這個？『這個』是什麼？有什麼問題嗎？」促使他用言語完整地表達。

也就是引導對方自行說出語法完整的句子，例如：「清水部長，我已經完成報告書了，請問您今天方便過目嗎？」

如果你是家長的話，當孩子對你說：「媽媽，點心。」則是強化孩子語言能力的最好時機。這時，你絕對不能立刻把點心遞到孩子面前。

而是應該跟孩子確認，詢問他：「點心怎麼了？」或：「點心有什麼問題嗎？」然後讓孩子自己說出：「我肚子餓了，想吃點心。」

接著，你還可以進一步問：「那你想吃什麼點心呢？」這樣，孩子可能會說：「嗯……我不要吃零食，我想吃水果。」

只要能夠引導到這樣的程度，讓孩子使用語言完整表達需求，孩子的大腦資料庫就會變得更充實且靈活。

如果你希望提升對方的理解力，你就不能輕易地代替對方開口。

當對方說出口的話不夠清楚，或試圖逃避開口表達時，請你一定要有耐心地（當然也要避免過於強勢）引導他說出完整的句子。

3 「聆聽」可以加深理解

「好好聽」是理解的第一步

很多人看起來都像是在聽對方說話，實際上卻不是如此。

有的人雖然在聽對方說話，腦袋卻一邊在思考其他事情，或思考自己接下來該說什麼。那麼你呢？是否也有過這樣的經驗呢？

有的人則是「話題小偷」，對方才開口就搶著說：「對啊，我最近也是……」

自顧自地說著自己的經歷；有些人根本沒仔細聽對方說話，便滔滔不絕地發表自己的見解，淪為「說教狂」。

聽別人說話，本來就不是一件簡單的事。

豈止不簡單，甚至可以說是一件難事。

我當過好幾年的訪談記者，也從這份工作中深刻體會到，認真傾聽別人說話是一件多麼困難的事情。

當對方的價值觀或是思維模式與自己完全不同時，我們不僅要掌握對方說的內容，還要觀察那些言語之外的「非語言訊息（表情、語氣、動作）」，藉此理解對方的想法、心情，以及說出這段話的目的。

必須發揮所有的感官，去察覺對方的情緒及想法——這就是我們必須具備的能力。

諮商心理師經常使用的一項技巧就是「傾聽」。

傾聽是一種溝通技巧，傾聽者要將關注力擺在對方身上，仔細聆聽對方說的話，同時試著去理解對方真正想表達的意圖，並且給予共鳴。

培養傾聽能力，能讓自己養成專心聽人說話的習慣，進而提升理解力。

以下是傾聽時的幾個關鍵要點：

- **尊重對方，真誠地傾聽**
- **不否定對方的話（努力以肯定的態度去理解）**
- **直視對方的眼睛，適時點頭或回應**
- **適時地用語言表達自己對於對方的理解**
- **注意對方的非語言表達（表情、語氣、肢體動作等）**
- **努力理解對方的情緒與感受**

「對他人保持關心的態度」是傾聽的本質，如此一來能大幅提升我們對於資訊的接收能力。

「傾聽」看似簡單，但實際操作起來卻未必如此。我們可能會一不小心就說出多餘的話、聽著聽著就心不在焉、難以保持專注力……

假如你發現自己再怎麼努力，還是做不到真正的傾聽，**也可以試著在對方說完話後，摘要並輸出（口頭或書面皆可）對方說的內容。**

例如：把對方的話整理在筆記本上，就是不錯的辦法之一。

當我們先以輸出為前提，再去聆聽他人說話，就更容易提升傾聽的品質。

用「仔細觀察＋發揮想像力」來理解

①你坐在椅子上。

②椅子坐在你身上。

你肯定會覺得例句①的表達很自然，例句②很不自然，對吧？

你會這麼覺得，是因為椅子是無生命的物體，無法自行移動，也就是不可能做出「坐」的動作。

我們無時無刻都在使用大腦知識庫中的「理解思維箱」，迅速做出各種大大小小的判斷。請看以下兩句話：

③鱷魚吃了青蛙。

④青蛙吃了鱷魚。

你覺得例句③跟④看起來如何呢？大多數人的想法應該都是「例句③的表達很自然，例句④很不自然」。確實，正常來說青蛙才不可能吃掉鱷魚。

不過，青蛙吃掉鱷魚也並非完全不可能。舉例來說，某些大型青蛙就有可能吃掉剛孵化的小鱷魚。

假如你看完例句③與④以後，想法是「例句③很自然，例句④的可能性雖然很低，但也不是完全不可能」，代表你的大腦資料庫的運作狀況非常良好。

理解的功能並不是讓我們做出黑即白的判斷，也不是從言談或文字之間找出唯一的答案。

在某些情況下，也許「80%是白，但20%可能是黑」或是「介於從白變成黑之間的灰色地帶」才是更適合的理解方式。

進一步來說，學會區分「必須做出明確判斷的情況」與「不需要強行做出判斷的情況」，才能讓自己做出更適當的理解。

認為「青蛙不太可能吃掉鱷魚，但也並非完全不可能」的人，展現的正是「推測能力」。這是經過在大腦資料庫進行搜尋，使用各種鱷魚及青蛙相關的「理解思維箱」包括：體型大小、生長過程、反應速度、身為肉食性動物的捕食能力等等，找出各種可能性以後，才得出的結論。

這種綜合考量各種資訊與條件來思考（推測）的能力，正是AI不擅長的（因為需要大量的背景知識與經驗累積）。

換句話說，運用推測能力來理解，是人類與生俱來的優秀能力。

透過磨練這項能力，我們才能成為在AI時代中脫穎而出的人才。

要確認「專有名詞」及「數字」

理解能力強的人，通常都會特別注意「數字」與「專有名詞」。以下是A與B的表達方式，請看看兩者的不同。

A：「我們預估銷售額會相當可觀。」

B：「我們預估銷售額可達每月1500萬日圓。」

A：「我們會參考之前跟您說過的那個活動。」

B：「我們會參考赤坂的『悠久』的以信傳心行銷活動。」

B的表達顯然比A更容易讓人理解。

A的表達含糊不清，「相當可觀」、「之前說過的」指的到底是什麼？不同人聽起來可能就有不同的解讀。

相反地，B在表達中則使用了具體的數字與名稱，例如：「1500萬日圓」、「赤坂的『悠久』」、「以信傳心行銷活動」。

A的表達方式恐怕會造成誤解，而B的表達方式則不會造成任何誤解。

使用數字與專有名詞可以說是「最具體的表達方式」。

特別是在商業場景中，提升對於這兩點的意識，便可以提升理解力。

遇到含糊不清的表達時，千萬不要「自以為已經理解」，一定要進一步確認數字或專有名詞。

．「您說的『相當可觀』，具體數字大約是多少？」

．「您說的『先前提過的』，是指哪個具體案例？」

假如你是說話的那一方，當然也要有意識地使用數字與專有名詞，讓對方更容易理解你的意思。不過，有時數字也會被用來蒙騙對方，或是引導對方產生錯誤的理解（誤解）。例如：「銷售額比去年增加300％」聽起來好像很厲害，但是去年的銷售額可能低得嚇人。

因此當對方提及數據時，我們也應該重視事實查核（確保資訊的準確性與合理性），確認這個數字是如何得出，是否有可靠的依據。

4 用書本、小說、電影鍛鍊理解力

透過閱讀鍛鍊語言能力

就提升理解力而言，「閱讀」是一種極為有效的方法。

書籍是文字（資訊）的海洋。

這片汪洋蘊含著各種新知、概念與思考方式。

閱讀書籍就是去接觸並且獲得各種不同的知識與體驗。

而現在的你，正在做這件事情。

你正在閱讀這本書，吸收新的知識、思維方式以及價值觀。

除此之外，閱讀書籍還能活絡大腦的思維。

在閱讀書籍的過程中，我們會將剛剛讀過的內容（也就是文字資訊）暫存於大腦一隅，並解讀正在閱讀的文句（此時會利用剛才接收的資訊），甚至推測接下來可能出現的內容。此時，我們的「大腦資料庫」就會處於全速運轉的狀態。

相較之下，網路上的文章多為精簡的內容，因此閱讀所需的思考力自然不比閱讀書籍來得多。

假如閱讀網路新聞是一場3公里的馬拉松，那麼讀完1整本書就相當於完成一場思考的全程馬拉松（42・195公里）。

在橫跨約10萬字的閱讀過程中，我們的大腦知識庫會逐步充實，並運作得愈來愈順暢，進而強化思考力與理解力。閱讀的過程不僅能提升理解力，更促進了大腦知識庫的更新。

如此能鍛鍊出我們的「閱讀肌肉」，並在閱讀下一本書時發揮更大的助力。

日本文化廳在二〇一八年度進行「國語相關民調」，其中一項問題為「一個月大約閱讀幾本書」，回答「完全未閱讀」的人數比例高達47．3％。

由此可見，我們逐漸失去了提升語言能力的機會。

閱讀書籍就是在運用我們的理解力。

理解力不足的人在閱讀書籍時多半會遇到困難，而理解力愈好的人，就愈能有效吸收內容。

如果你平時沒有閱讀書籍的習慣，其實可以先降低閱讀的門檻。

假設你現在要學習一個新的領域。

那麼，我會建議你按照以下的順序選擇書籍。

①適合初學者（基礎入門書籍）

②適合中級者（應用與實踐類書籍）

③適合高級者（學術專書或專業書籍）

我不建議一開始就選第②階段或第③階段的書籍來閱讀。

因為你可能會無法理解內容，而耗費大量時間，並且徒增壓力。

一開始就過於勉強的話，可能會讓人覺得「閱讀很痛苦」，強化對於閱讀的抗拒感。

相反地，先接觸難度較低的第①階段書籍，讀起來才會比較輕鬆，不會那麼有壓力。

只要能順利理解內容，閱讀起來才會覺得有趣。

通常來說，最理想的內容比例應該是「已知資訊：新資訊＝7：3」。倘若全部都是自己看不懂的內容，大腦的處理速度就會跟不上。

閱讀第①階段的書籍，可以將許多的基本知識（資訊）輸入大腦知識庫。

如此一來，大腦知識庫的「已知資訊」就會增加，這樣在閱讀第②階段的書籍時，就會覺得內容難度剛好適合（已知資訊：新資訊＝7：3）。

另外，二〇二二年一月，日本昭和大學的研究團隊也發表一項研究結果，指出**「使用智慧型手機閱讀會降低閱讀理解力」**。

該研究認為，使用智慧型手機閱讀會讓「深呼吸受到抑制」以及「造成前額葉皮質過度活躍」，兩者的交互作用則會降低閱讀理解能力。

若你習慣使用智慧型手機閱讀，並覺得自己的閱讀理解力不好的話，不妨試著改成實體書籍，感受其中的差異。

理解力好的人都會做主動式閱讀

閱讀理解力高的人與閱讀理解力低的人，是帶著不同的意識在進行閱讀。

理解力較高的人在閱讀時，都會積極地使用他們的腦袋。

也就是「主動式閱讀」。

他們不會帶著「讀了應該能理解」的期待，而是主動且有策略地執行「確實理解內容的閱讀方式」。

相反地，理解力較低的人則是採取被動式閱讀。

有的人甚至只是掃視文字，不做任何思考。

這樣的閱讀方式真的非常可惜。因為就算閱讀了再多的書籍，最後也可能毫無收穫（因為並未理解其中內容）。

那麼，理解力高的人採取的「主動閱讀」，具體而言究竟是什麼樣的閱讀方式呢？以下是主動閱讀的幾個重點：

● **大方向的閱讀**

①思考「閱讀這篇文章的目的」

②思考「這篇文章的結論」

③思考「支持文章結論的依據」

④質疑「自己的理解是否真的正確」 ※避免「自以為已經理解」

● **閱讀前的準備**

①先瀏覽目錄、標題與小標題（掌握整體架構）

②先決定閱讀後要如何輸出（例如：寫下重點、與人討論或向他人解釋）

● **閱讀中的思考方式**

①連結既有的「理解思維箱」（隨時思考異同之處）

②進行假設，持續推測（預測）後續內容

③不斷問自己：「為什麼？」「這是什麼？」「具體是什麼意思？」

④分段思考「段落重點」→總結段落大意

⑤思考「段落間的關聯」→注意連接詞的使用

● 閱讀過程中的行動

①劃線或以螢光筆標記重點、想要記下的內容
②製作重點筆記（只寫重點，避免抄寫全文）
③將內容整理成圖表或表格

● 看不懂內容時的行動

①思考「什麼內容看不懂？」
②不懂的部分要放慢閱讀速度，仔細閱讀
③不懂的部分要反覆多看幾遍
④沒看過或不懂的詞彙要立刻查詢其意思

● 閱讀後的行動

①讀完以後要進行輸出（例如：寫筆記、與人討論、解釋內容）
②讓別人針對書的內容進行提問，試著回答對方的問題
③如果是學習類書籍，則要將自己尚未理解的部分整理成筆記

以上就是主動式閱讀的重點。

請試試看從自己比較容易執行的部分開始實踐。

養成主動式閱讀的習慣後，你的閱讀能力以及理解力都會有顯著的提升，大腦知識庫也會變得更加充實，運作得更加順利。

剛開始閱讀的速度慢一點也不用太擔心。

只要慢慢地建立起習慣，閱讀速度自然就會提升。

理解力好的人都會做主動式閱讀

【大方向的閱讀】

思考自己閱讀這篇文章的目的，以及文章的結論與其參考的根據。

【閱讀前的準備】

先瀏覽目錄、標題與小標題。

【閱讀中的思考方式】

連結既有的理解思維箱，
在閱讀過程中不停地詢問自己：「為什麼呢？」「這是什麼？」「具體是什麼意思？」

【閱讀過程中的行動】

畫線或以螢光筆標記重點與想記下的內容，再將重點整理成筆記。

【看不懂內容時的行動】

沒看過或不懂的詞彙要立刻查詢其意思。

【閱讀後的行動】

閱讀之後記得進行輸出（例如：寫筆記、與人討論、解釋內容）。

以「書寫淺顯易懂文句」鍛鍊理解力

理解力愈好的人，就會愈有意識地寫出方便讀者理解的文章。他們在寫作時會思考怎麼寫才會方便讀者閱讀？如何讓讀者更容易理解？如何引起讀者的興趣？

習慣站在讀者的立場，寫出讓讀者方便理解的文章，這樣的人在閱讀文章的時候，也會更容易察覺到文章的優缺點。

例如：「文章結構頗具巧思」、「措辭與表達方式相當用心」、「可惜省略了重要資訊」等等，他們會很自然地看到每篇文章值得稱讚或有待改進的部分。

相反的，不在意自己文章是否好理解的人，閱讀時也很難有這樣的察覺。

就算他們看得出文章好不好理解，大概也無法理解為什麼會這樣。這樣的落差不只在於寫作與閱讀。

有實際經驗的人與沒有實際經驗的人相比，兩者的眼界就不同，所以理解的深度跟廣度也有所差異。

不曾接觸過格鬥的人在觀看比賽時，常會說出：「快出拳啊！」「唉呀，真急死人了！」之類的話。

但是接觸過格鬥的人就會明白，擂台上的選手「不是不出手，而是找不到破綻，才無法輕易出手」。

接觸過格鬥的話，就能理解那種無形的拉鋸。

無論是運動、工作還是技藝，有過實際經歷的經驗值與未曾經歷的經驗值，並不是「些微差距」，而是「天壤之別」。

具備「文章要寫得淺顯易懂」的意識，有助於提升閱讀理解力以及理解文章脈絡的能力。

寫作時要努力避免讀者產生誤解，讓讀者正確地理解文章內容。在寫作過程中付出的這些努力，也都會成為你在閱讀時的助力，幫助你建立理解。

以小說與電影鍛鍊人際理解力

經常接觸小說與電影能有效提升我們的理解力。

以下是接觸小說及電影對於提升理解力的３種效果。

● 接觸小說與電影的效果① 理解文句脈絡

小說與電影皆有故事情節。

理解小說或電影的故事情節，就是在理解每段文字、每句話的脈絡。

這裡說的脈絡，指的是「在故事發展的過程中，每個內容之間的意義連結，以及隱藏在背後的真正用意、真相、角色的想法等」。

A工作能力優秀，平時很受上司肯定。
↓昨天，他和女友吵架，甚至鬧分手。
↓今天，他在工作上不斷出錯，被上司臭罵一頓。

看到這樣的情境後，如果還有「為什麼A今天特別容易出錯」的疑惑，這樣的人顯然就是理解能力不足。

因為，他們無法讀出「A跟女友吵架，所以無法集中精神工作」的關聯性。

相反的，理解力強的人或許還會看出「A昨晚和女友吵架，可能因此失眠了一整晚。所以，他工作頻頻出錯也可能是因為睡眠不足」等可能性。

然後，他們就會推測Ａ工作出錯的原因是「與女友爭吵＋睡眠不足」。

像這樣**「讀懂文句脈絡」，不只是對於單一場景的理解，更是一種能夠關注前後事件以及相關資訊，進而仔細觀察、推敲「究竟發生什麼事」的能力。**

透過大量閱讀小說與觀賞電影（也就是養成仔細觀察的習慣），理解文句脈絡的能力就會愈來愈強大。

● 接觸小說與電影的效果② 提升對人性的理解

透過閱讀小說或觀賞電影體驗到的「替代經驗」，有助於加強理解力。

「替代經驗」指的是「透過作品感受、體驗他人的經驗，彷彿自己親身經歷」。不只體驗喜悅與快樂，更體會痛苦、掙扎、悲傷、不甘與心痛等感受。

閱讀小說或觀賞電影的故事，能讓我們經歷並了解他人的人生（即使是虛擬的人生也好）。

除此之外，小說與電影還會出現各式各樣的角色。

有滿懷俠義的英雄，也有殺人不眨眼的變態殺人魔。

這些人物的性格、思維方式、價值觀都不盡相同。就算是好人也會滋生惡念，壞人也可能心懷善念。

閱讀小說及欣賞電影，讓我們有機會認識形形色色的人物。

每一次透過故事的角色接觸到新的思維及價值觀時，我們的大腦知識庫就會進行一次的更新。

舉例來說，當我們接觸到一個善妒的角色時，其實就是為大腦知識庫更新了「善妒的人」的「理解思維箱」。

只要掌握了「善妒的人」的最新版資料，那我們在現實中遇到類似的人時，或許就能更從容地應對。

相反地，如果對於「善妒的人」沒有任何的了解，也許就會不小心捲入人際糾紛。

看過許多故事，見過形形色色的人物之後，不管遇到什麼樣的人，就更能以平常心看待，心想：「原來現實生活中也有這樣的人啊。」

在人際關係中，這種接納的態度正是理解對方的第一步。

● 接觸小說與電影的效果③　拓展教養

小說與電影經常出現與日常生活完全不同的背景設定、地點、人物與事件。

這些作品能讓我們認識日本及各國的歷史、文化、職業、生活方式、風俗習慣、社會常識、政治與經濟等等，使大腦資料庫更加豐富及活躍。

這些知識會跟我們的性格與人生經驗交融，進而轉化成「文化教養」，不只拓寬我們的人生視野，也提升我們的品格與人性深度。

提升個人的文化教養，也會強化大腦知識庫的資訊網路。如此一來，當我們接收到新資訊時，就能更迅速地掌握其本質與應用方式。

這些教養性的知識，有時是創意的種子，有時則是形成意見的準則，或行動時的依據。

換句話說，**深厚的文化教養能強化我們的輸出能力。**

此外，具備文化教養會讓我們更加「從容」與「自信」，這樣的從容與自信也是不容忽視的存在。

只要理解的知識愈多，就愈能減少工作與生活中的不安與煩惱，並有效解決問題（因為知道該怎麼做）。

若要透過小說或電影獲得上述的3種好處，就不能只是單純地「享受娛樂」，而是要主動地「解讀內容」（詳見126頁）。

換句話說，要更有意識地觀察及分析小說或電影提供的資訊，根據這些資訊進行推理及想像，並結合自己既有的「理解思維箱」，主動地進行思考及建立理解。如此一來，我們才能更加理解小說及電影的劇情，並掌握其傳遞的各種訊息與涵義。

第 3 章

步驟②

以「主幹→分枝→末葉」來理解

1 理解的基本原則是「先整體，後細節」

先掌握主題，再進入細節

請閱讀這段文字，你覺得這段文字在說什麼呢？

Google、Apple等國際企業也都引進了這個做法。許多好萊塢明星與名人都在實踐，因此它變得更廣為人知。它能幫助我們察覺腦中的雜念與日常的壓力。除此之外，它也能幫助我們靜靜面對自己的情緒。它是一種讓我們專注於呼吸與身體狀態並清理思緒的行為。

答案是——「冥想」。

假如先知道這段內容說的是「冥想」，我們就會頓時明白：「原來是在說這個啊！」但如果一開始不知道主題，就會讓人覺得內容不易理解。

換句話說，假如不曉得這段內容是「關於什麼」，也就是不知道主題的話，我們對於內容的理解力就會明顯地下降。

就像你中途加入別人的對話時，大概也聽不太懂他們在聊什麼。

但是，當你終於聽出來「他們在聊什麼事情（即對話的主題）」時，就會瞬間理解他們前面聊的內容，那種感覺就好像一口氣將整排黑棋翻成白棋一樣。

正在閱讀這本書的你，或許也有過這樣的經驗吧。掌握對話或文章的主題，絕對是理解內容最重要的一點。

無論是聽別人說話還是閱讀文字，都應該養成先思考「這段內容到底是關於哪件事」的習慣。

也就是說，無論如何都要先掌握對話或文字的主題。

有時我們可能一下子就弄懂主題，有時則要花點時間才能釐清。例如：一開始以為在講咖啡，後來覺得應該是日本茶，最後才明白是在討論咖啡因。

當然了，如果是在關乎自身利害的情況下，就更應該主動確認主題，開口詢問：「請問你說的是哪一件事？」

前面那段關於冥想的文字由5個句子構成，而且是先寫出最不容易聯想到冥想的敘述，後來才寫出最容易聯想到冥想的敘述（目的是故意讓人難以理解）。

很多人應該都是讀到最後一句「專注呼吸與身體狀態並清理思緒的行為」時，才意識到這段內容的主題是「冥想」。

這也告訴我們一件事，那就是當我們在向別人表達時，就應該使用易於理解的順序來傳達。

以下是修改過的文章，讓人更容易理解這段內容是關於冥想。

「冥想」是一種專注呼吸與身體狀態並清理思緒的行為。進行冥想能幫助我們平靜地面對自己的情緒，也能幫助我們察覺腦中的雜念與日常的壓力。許多好萊塢明星與名人都會將冥想加入每日行程，因此變得更廣為人知。Google、Apple等國際企業也都導入了這個做法。

書籍的章節標題或副標題，通常就代表著各段落的主題。

舉例來說，本段內容的副標題是「話題的主題是什麼？」。「讀過」這個副標題（段落主題）的人與「無視（直接略過）」這個副標題的人相比，理解力就可能會出現明顯的差異。

前者會「快速且深入」地理解內容，而後者的理解則是「緩慢且膚淺」。

你不妨也試著在接下來閱讀時，有意識地切換「看副標題」與「不看副標題」兩種方式。

你應該會發現，只要先讀過副標題，往往會更容易理解正文內容。

對話（文章）的主幹（整體）是什麼？

理解資訊時，從「整體」到「細節」的說明，會讓人有更深入的理解。

以下３點是關於某個物體的描述，請問你在看到第幾點時，就知道這個「物體」是什麼呢？

①通常高達3.5公尺、重達20噸，最大的甚至高達20公尺、重達90噸。

②多半背對大海，且建在向海的祭壇「Ahu」之上（就像是圍繞著古代住居遺跡而立）。

③它是位於南美智利的復活節島上，模仿人臉雕刻的大型石像。

答案是「摩艾石像」。

其實以上這三點描述是從「細節↓整體」的順序排列。

用樹木來比喻的話，就是「末葉①↓分枝②↓主幹③」的順序。

大多數的人應該都是看到敘述③時，才發現描述的物體是「摩艾石像」。

之所以會這樣，是因為多數人的大腦具備「復活節島＝摩艾石像」的「理解思維箱」。

大概只有少數人讀到第②點敘述時便知道是摩艾石像，只看第①點就知道的人更是寥寥無幾吧。

因為，大部分的人都不具備「復活節島＝摩艾石像」以外的「理解思維箱」。

那麼，如果換成「③↓②↓①」的順序來閱讀呢？

換成這樣的順序後，等於一開始就知道這是關於「摩艾石像」的說明，所以就會更快速地理解敘述②以及敘述①的說明了。

假如這段敘述在一開始（比敘述③更前面）就明白寫出「接下來是關於摩艾石像的說明」，那麼閱讀的人肯定會更順利地理解這段內容。

換個角度來說，**當我們在聽別人說話或是閱讀文章時，一定要主動思考：「這段話（文字）的主幹（整體）是什麼？」**

只要掌握住對話或文字的主幹，自然就能理解末葉的部分；要是無法掌握主幹，便難以理解末葉的部分（甚至可能完全無法理解）。

不過，也不是所有人都擅長使用「整體↓細節」的方式說話。

有些人說的話（寫的文章）總是支離破碎，根本就沒考慮前後順序。

以「整體→細節」的順序進行理解

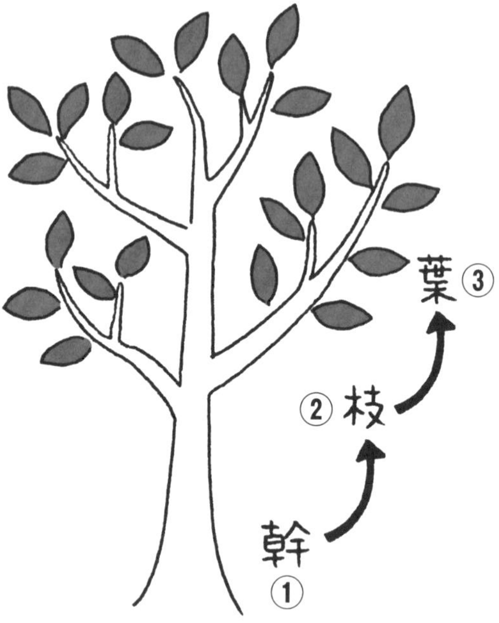

我們都是依照「整體」→「細節」的順序加深理解。

換個角度來說，聽別人說話或是閱讀文章時，
主動思考「這段話（文字）的主幹（整體）是什麼」
可以讓我們更快理解內容。

遇到這樣的對話或文章時，我們就需要主動找出「主幹」。還是沒辦法搞清楚的話，也可以直接問對方：「你現在說的內容是關於什麼事情？」或是：「請問這段話的重點是○○嗎？」

自己要傳達資訊時，也記得要先講「整體」，再帶入「細節」（以取樂為目的的「聊八卦」除外）。

這樣的方式不僅能幫助對方理解，也會讓自己更熟悉「理解時的邏輯」以及「先說整體再提細節的表達方式」。

2 加深理解的13個方法

加深理解的方法①「寫出來」理解

將讀過的書或聽到的內容寫下來整理，可以大幅提升我們的理解力。

事先做好「要把重點寫下來」的決定，會讓我們在接收資訊的當下更加專心，並且更容易掌握「整體脈絡」與「事物的本質」。

不論是書本還是談話，理解時不應只關注每一則具體訊息，更要掌握全貌，理解這些資訊在整體內容中是如何被安排與呈現？扮演了什麼角色？

如果你是「很想寫但是寫不出來」的人，也不用太擔心。

因為，寫出內容並不只是「把已經整理好的內容寫下來」，同時也可以是「為了整理內容而寫下來」。

換句話說，把接收到的內容寫下來，可以讓我們整理思緒，進而理解內容。

不過，面對著新資訊，我們也可能會在書寫過程中產生困惑。

這其實是大腦在建立「理解思維箱」的過程中，經常出現的情況。

因為這時的我們，還處在尚未完全理解的狀態，所以大腦在判斷「這個資訊應該放在哪個位置才對」。

不過，大多數的困惑最後都會得到解決。

因為，當我們客觀地閱讀自己寫下的資訊時，通常會得到各種新發現。例如：突然發現原來是那麼一回事、A和B原來是同一類、原本以為是C但其實是D、原來變成這樣的結果是因為E等等。

透過書寫，我們也可以察覺自己有「哪些部分尚未真正理解」。

而且在書寫的過程中，我們也會浮現出個人的想法或觀點。

總而言之，請記得「不管怎樣都好，先寫下來就對了」。

試著從「整理好才能寫下來」切換到「為了整理而試著寫下來」吧。

加深理解的方法② 以「順藤摸瓜」的方式去理解

「面對自己感興趣或關注的內容時，人的理解度就會變好」。

這應該是大多數人都認同的一句話。

有時候我們就算讀了別人推薦的書，也不見得讀得進去。

尤其是書本的內容不是自己感興趣的話，這種「讀了也沒讀進腦袋」的情況就更明顯了。

這時，我會推薦使用**「順藤摸瓜閱讀法」**。**方法是先找一本自己有興趣的書來閱讀，讀完這本書以後，再接著閱讀跟這本書的內容有關的書籍，如此延伸下去。**

例如：假如你對「經營」有興趣，於是閱讀一本關於經營的書籍，而這本書提及松下幸之助，你也對松下幸之助產生興趣，因此接著閱讀關於他的書籍。然後，你在這本書中看到關於伊勢神宮的描述，勾起你對伊勢神宮的興趣，於是你接著又閱讀有關伊勢神宮的書……一直延伸下去。

像這樣順著自己的興趣閱讀下去，就會刺激個人的求知慾。

這份求知慾則會促使我們「更深入理解」感興趣的事物（主題）。

某些時候，我們也會因為工作需求或出於某些責任，不得不閱讀一些自己不感興趣的書籍。

遇到這樣的情況時，我們就要想辦法形成「順瓜摸藤式」的閱讀，把自己不感興趣（或不怎麼關注）的資訊，跟自己有興趣的事物建立起連結。

假如你必須學習「企業品牌策略」，你卻從未接觸過這個領域的話，那麼你就可以找一本與你喜愛的品牌「無印良品」有關的書籍來閱讀。

對於提升理解力而言，「順藤摸瓜式閱讀」是個非常關鍵的關鍵。

當我們結合自己感興趣、關注的事物，以順藤摸瓜的方式一步一步地去理解，大腦知識庫就更容易建立起一個又一個的「理解思維箱」。

這些「理解思維箱」之間也會互相連動（例如：從共通點發現本質），進一步地建構起全新的理解。

加深理解的方法③ 邊「比較」邊理解

那個人很聰明。

這個社會的景氣很好。

那家店的氛圍很不好。

那部電影很有趣。

我們平常習慣使用的許多說法，其實背後都隱含著「比較」的概念。跟某個人、某個國家、某間店……比起來，某某人的頭腦很聰明、某個國家的景氣很好、某間店的氛圍很糟糕、某部電影很有趣等等。

這種比較的方式，其實也經常運用在理解的過程中。

舉例來說，假設A營業所這個月的營業額是850萬日元。

如果沒有比較，我們得到的資訊便只有「這個月的營業額是850萬日圓」。

相反的，如果我們習慣進行比較思考的話，便能從中挖掘出更多新資訊，進一步加深理解。

①跟上個月比呢？↓增加了100萬日圓

②跟去年同期比呢？↓減少了400萬日圓

③跟同規模的B營業所相比呢？↓少了300萬日圓

透過這些比較，就能得到更多的資訊。

整合①～③的比較結果，最後得出「營業額比上個月略為回升，但與去年同期相比的結果是減少的，並且遠遠落後於其他營業所」的理解。

假如沒有進行②跟③的比較，又會得到什麼樣的結果呢？

那麼，我們說不定就會做出「營業額比上個月多100萬日圓，表現還不錯」的結論，但其實這樣的結論偏離了真實的情況。

換句話說，也就是陷入「自以為已經理解」的狀態，並不是真正的理解。

特別是在商業場合中，有很多資訊都必須經過比較，才能被準確地掌握。

我們要做的，是時時提醒自己：「這時應該拿什麼來做比較？」「這項資訊必須跟什麼相比，才能看得更全面？」

唯有養成這樣的習慣，我們才能更容易逐步接近正確且深入，甚至是真正完整的理解。

加深理解的方法④ 用「圖表」輔助理解

統計圖、比較圖、流程圖、關聯圖等等的「圖表」，可以有效地加深我們的理解。

閱讀對話或文章時，我們通常都是按照順序一行一行往下看。

圖表則不同於對話或文章，我們可以從任何位置開始閱讀，並且利用圖表呈現的結構與空間關係，透過視覺與直覺來加深理解。

看了A產品與B產品的每月銷售走勢後，得知A產品的銷售額在4月是55萬日圓，B產品是17萬日圓。接著，B產品的銷售額逐步上升，7月達到96萬日圓，並超過A產品的銷售額58萬日圓。三個月後，B產品的銷售額在10月成長至120萬日圓，A產品則減至40萬日圓，兩者拉開差距，B的銷售額為A的3倍。

上面這段敘述是關於A商品與B商品的銷售走勢。

有些人可能不容易一次就讀懂內容。

但如果換成以下一頁的圖表①來呈現的話，一眼就能看出A產品與B產品的銷售額走勢變化。

圖表①　A 商品與 B 商品的銷售額走勢

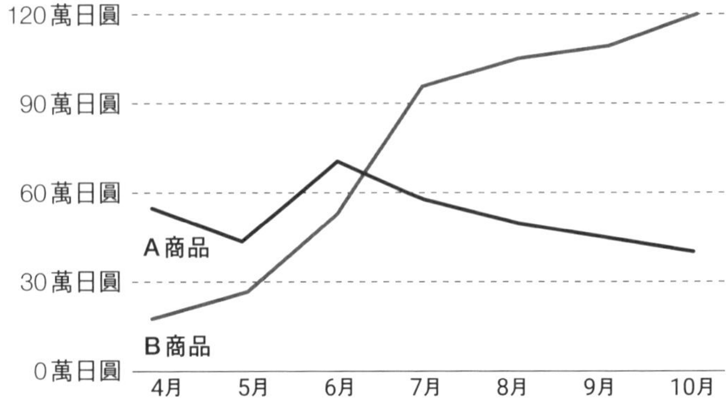

而且，也能讓人更容易看出銷售額逆轉的時間點，以及兩者在10月拉開至3倍差距的變化。

以下的圖表②～⑥都是讓人更容易理解的範例。

圖表② 宣傳贈品銷售數量明細

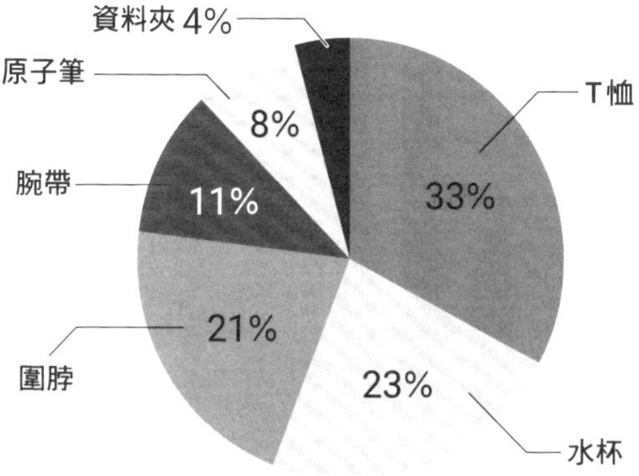

圖表③ 文章構成

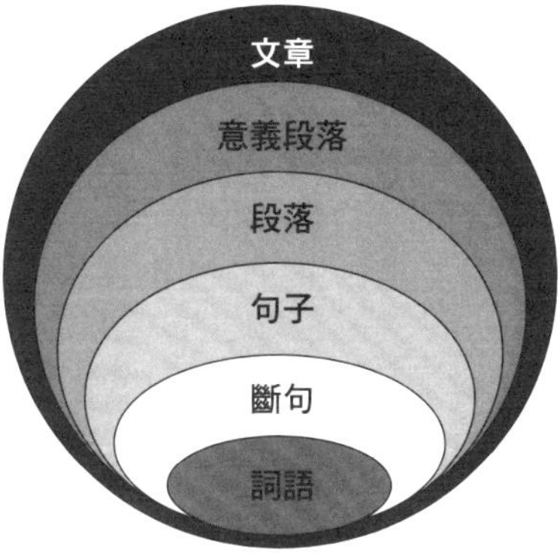

圖表④ 開發市場的機會（3C分析）

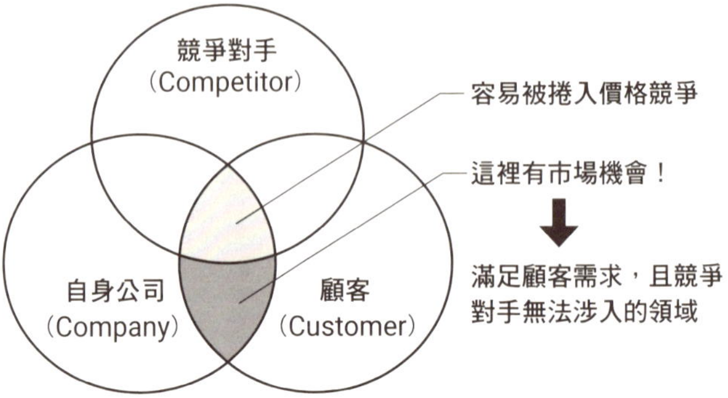

圖表⑤ 重要性與緊急性的象限圖

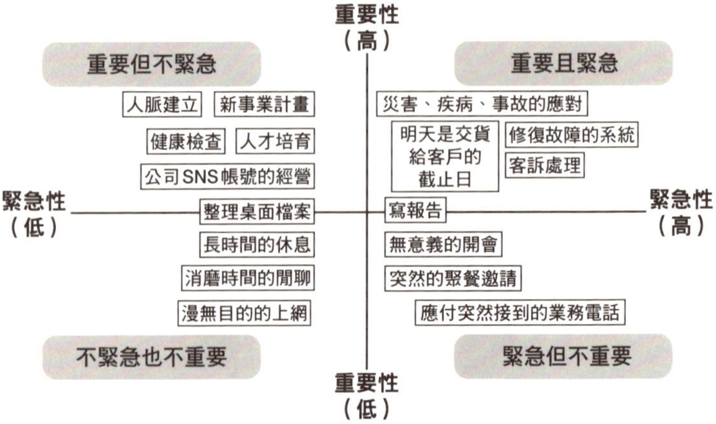

圖表⑥　細分商家的銷售額

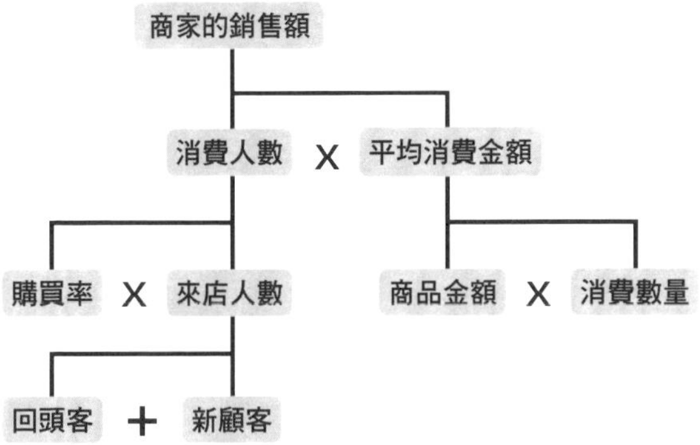

圖表②到⑥刻意省略了詳細的文字說明。

不過，我想你大概還是能夠理解，這些圖表分別要傳達什麼訊息吧？

圖表的本質就在於「分組」。資訊經過分組以後，我們就能接收到難以憑藉純文字傳遞的內容。

當你聽不懂對方說的話、看不懂文章的意思，或是怎樣都無法順利理解某件事情時，不妨試著拿出紙筆畫出一張簡單的圖表。

只要主動將接收到的訊息分門別類，就能進一步加深理解，讓人頓時明白：「原來是這麼回事啊！」

當你「要向別人說明」時，同樣也能這麼做。

如果你覺得自己的敘述或許不容易理解的話，不妨改用圖表來輔助你的表達，別一味地依賴文字及言語。

加深理解的方法⑤ 用「邏輯關係」去理解

有一句日本諺語叫做「只要颳起風，賣桶子的人就會賺大錢」。

這句話的意思是「颳風時會揚起沙塵，飛進人的眼睛，眼睛進了沙子會失明，盲人因此變多。盲人改以彈奏三味線賣藝維生，而三味線的琴身是用貓皮製作的，所以貓皮的需求大增，貓咪的數量因此減少。抓老鼠的貓咪變少了，老鼠就愈生愈多，老鼠又會啃木桶，於是桶匠的生意興隆」。

這個諺語原本是用來表示「一件事可能在意想不到的地方產生影響」。不過，如今這句諺語大多都是用來比喻「牽強附會的說法」，嘲諷人將毫無關聯的事物硬扯在一起。

光看這句「颳風時會揚起沙塵，飛進人的眼睛，眼睛進了沙子會失明，盲人因此變多」，實際發生的機率恐怕連0.001%都不到。

這樣的因果邏輯實在是在強詞奪理。

所以，如果有人硬是把毫無關係的事情扯在一起，還想用這句「只要颳起風，賣桶子的人就會賺大錢」來說服別人時，大概沒有人會心服口服。

但是，如果是一個理解力很差的人，說不定就會被輕易說服了。

為什麼呢？這是因為他們缺乏對於「事情的道理、邏輯」的意識。

如實接受別人說的話，不多做揣測或懷疑，固然是件好事。但如果真的覺得對方說的話不合道理、有違邏輯，或是說法太過牽強附會時，那就應該勇敢地對提出質疑。

若要正確理解一件事的內容，就必須一步步釐清「因為A導致B，B進而再導致C」的因果關係。

換句話說，接收到任何資訊時，都必須檢查「每項資訊之間的關聯性」，確認其中的道理、邏輯是否通順、合理。

具備這種能力的人，在聽到對方使用這句諺語時，肯定會跟對方說：「那你能夠提供資料，說明風沙導致失明的實際比例嗎？」

要正確地理解，就要釐清因果關係

全盤接收字面意思的人＝理解力不好的人

若要正確理解一件事的內容，
就必須逐步釐清「因果關係」，
確認其中的邏輯是否通順、合理。

同理，你在跟別人說話時，也要明確交代每個環節的邏輯與因果關係。

假如你說的話邏輯不通，不只沒辦法讓對方正確理解你想表達的事情，還可能讓對方覺得你是個說話不足為信的人。

加深理解的方法⑥ 透過「具體實例」去理解

語言的表達可以是一種從「抽象」到「具體」的漸層結構。

例如「食物」是個抽象的概念，但如果一層一層地具體化，就能細分出「蔬菜↓番茄↓桃太郎（番茄的品種名）」以及「水果↓草莓↓栃乙女（草莓品種名）」等詳細分類。

我們在建構理解時，都會在「具體」與「抽象」之間來回切換。

而在這個過程之中，具體例子則能大幅提升理解力。

例如：有個人說：「我想為高齡者做出貢獻。」由於這句話的表達過於抽象，聽的人可能很難想像出具體的行動。

但如果他接著補充：「我每個月都會親手製做甜點，送到東京都內的20間長照機構。」只要具體舉例說明，那麼「為高齡者做出貢獻」的內容就更明確了。

透過舉例說明，才能幫助對方在腦中形成更具體的畫面。

表達的抽象程度與具體程度，對於是否「付諸行動」也有很大的影響。

如果只說「為高齡者做出貢獻」（抽象表達），會容易讓人不知道實際要採取什麼行動，但「每月親送手作甜點」（具體表達）的表達則能夠讓人清楚知道要採取的行動。

這也是為什麼我們在工作上都必須使用「具體表達的語言」。

反過來說，若你想更深入理解對方的話，或希望自己能夠明確地知道怎麼做的話，就一定要這樣問對方：

「你可以具體說明是什麼意思嗎？」

「你可以舉個例子嗎？」

「具體來說，我應該怎麼做？」

「你可以說得更詳細一點嗎？」

事後才抱怨對方不說的更具體一點，也已經於事無補。

覺得對方說的不夠具體，其實是因為你並未主動要求對方提供具體資訊。

別總是把責任推給別人，是我們應該主動地去理解才對。

換成你要向別人表達時，「具體例子」同樣也是一項強大的工具。
若你覺得對方好像「還沒完全理解」，或是「還沒準備好採取行動」，不妨試試看加上一個具體的例子吧。

加深理解的方法⑦ 透過「五感」去理解

人們對事物的理解，並不只是用大腦「想」出來的。
事實上，我們還會透過五官來幫助自己加深理解。
以下是我們的五種感官。

①視覺（用眼睛看）
②聽覺（用耳朵聽）

③嗅覺（用鼻子聞）

④味覺（用嘴巴和舌頭品嘗）

⑤觸覺（用手或皮膚觸摸）

我舉兩個例子說明。

假設你是一名要參加「東京電玩展」的遊戲產業從業人員，或是一名要參加「日本國際食品展（FOODEX JAPAN）」的餐飲業人士，不論你是前者還是後者，都必須充分運用你的五種感官，進行體驗與判斷。

【視覺】你看到了什麼？什麼顏色、什麼形狀、設計如何？

【聽覺】你聽到什麼樣的聲音、音效、烹飪聲音？

【嗅覺】你聞到什麼樣的香氣或氣味？

【味覺】你吃到什麼樣的味道、口感？

【觸覺】你摸到什麼樣的觸感、材質？

不論你是走在展場通道上，還是停駐在某個攤位觀看示範、參與體驗活動或試吃、甚至是在商談區和人交談，從你走進展場到離開為止，透過五感獲得的第一手資訊，都會在事後的判斷與輸出中發揮作用。

當你在評估一款新遊戲時，在親自玩過一輪之後，往往能更清楚地了解它的玩法、節奏和整體感受。同樣地，面對一道新推出的菜色或食品，只有實際試吃過，才能比較準確地掌握它的味道和香氣，評價起來也才有根據。

若包裝上寫著「超乎想像的辣」，而你（假設你的味覺與大眾標準相去不遠）試吃之後卻發現辣度並未超出原本的預期，你自然只會將其評價為「一般辣度」，甚至可能覺得有些誇大不實。

除了透過語言獲取資訊，假如還能運用五感，全方位地蒐集感官經驗，我們就能更深入、有層次地理解事物。

而且這五種感官，不應該只有在工作的時候才啟用。不論是通勤中、午餐時間，甚至是休假日，都要有意識地運用五感。理解不應只交給「大腦思考」來完成。而是應該動用「整個身體」，讓全身的感官一起參與。

加深理解的方法⑧ 透過「摘要」去理解

若缺乏解讀文章的能力，對於內容的理解程度勢必也會受到影響。而要提升閱讀理解能力的話，「逐段摘要」則是一種非常有效的方法。

・寫出結論的段落
・說明理由的段落
・提出實例的段落
・回應反對意見的段落

一篇好的文章，通常會像這樣按照資訊的類型，區分出內容段落。

當我們按照段落（或是意義相近的文句）進行重點摘要時，便能更清晰地看出「文章的架構及脈絡」。

以下是一段示範文章，請試試看將段落①～④做出簡短的摘要。

①有一點無庸置疑，那就是文章的存在並不是為了「寫文章的人」，而是為了「讀文章的人」而存在的。

②有些人可能都有「不知道該寫些什麼」的煩惱，這其實是因為他們在思考時太過以自我為中心。他們想的也許是「我該怎麼做，才能寫出更優美的文字」等等，一味追求賣弄文采。也可能滿腦子都想著「我想讓別人覺得我很厲害」、「我想讓別人覺得這篇文章很厲害」等等，偏離寫作的本意。

③不論是哪一種人，他們都只想到「自己」。

寫作者真正應該思考的只有一點，那就是「我要怎麼寫，才能對讀者有幫助」。如果寫作者欠缺這個意識，最終就會陷入「不知道該寫什麼才好」的死胡同。

④所有寫作的出發點都應該站在「讀者」的立場。這本書也貫徹了這項原則，正因為許多人都有「我不知道要寫什麼」、「不知道該怎麼辦才寫得好」的煩惱，我才會寫下這篇文章，希望幫助有這些煩惱的讀者。

出自山口拓朗《何を書けばいいかわからない人のための「うまく」「はやく」書ける文章術》

根據以上的內容，我們可以這樣摘要每一段。

①文章的存在是為了「讀者」，而不是「寫作者」自己。

②擁有「不知道該寫什麼才好」困擾的人，也許是因為過於以自我為中心。

③寫作者真正應該思考的只有一點，那就是「我應該要怎麼寫，才能對讀者有幫助」。

④所有寫作的出發點都應該站在「讀者」的立場。

在我的另一本著作《摘要力：刪掉9成重點，比別人強10倍的表達力》（商周出版），我對於摘要力的敘述是這樣的：

「摘要就是找出『作者拚了命都要表達的事』。」

作者在各段落中「拚了命都要表達的事」是什麼？只要專注地想著這一點，就會促使我們去思考各段落的重點摘要。

回到剛才的內容，做完①～④段的重點摘要後，請你接著找出這篇文章「拚了命都要表達的事」。

如此一來，你應該會發現第④段的摘要「所有寫作的出發點都應該站在『讀者』的立場」，正是這篇文章的核心訊息（摘要重點）。

直接將重點摘要寫在書本或資料的空白處，也是很好的方式。這樣就不用另外準備筆記本，再配合上用筆或螢光筆圈出每個段落（意義段落）的重點，還能加深對於文章脈絡的理解。

除此之外，如果是有明確主旨的文章，就可能反覆出現某些關鍵字。

以前面的文章為例，「讀者」一詞就在文章出現了三次。代表這個關鍵字的周圍或許也明確寫出（或隱藏著）重要的資訊。

另外，在日文文章當中，最常見的結構是「開頭：提出問題 ↓ 結尾：得出

分段摘要文章重點，有助於建構理解

①
有一點無庸置疑，那就是文章的存在並不是為了「寫文章的人」，而是為了「讀文章的人」而存在的。

②
有些人可能都有「不知道該寫些什麼」的煩惱，這其實是因為他們在思考時太過以自我為中心。
他們想的也許是「我該怎麼做，才能寫出更優美的文字」等等，一味追求賣弄文采。
也可能滿腦子都想著「我想讓別人覺得我很厲害」、「我想讓別人覺得這篇文章很厲害」等等，偏離寫作的本意。

③
不論是哪一種人，他們都只想到「自己」。
寫作者真正應該思考的只有一點，那就是「我要怎麼寫，才能對讀者有幫助」。如果寫作者欠缺這個意識，最終就會陷入「不知道該寫什麼才好」的死胡同。

④
所有寫作的出發點都應該站在「讀者」的立場。這本書也貫徹了這項原則，正因為許多人都有「我不知道要寫什麼」、「不知道該怎麼辦才寫得好」的煩惱，我才會寫下這篇文章，希望幫助有這些煩惱的讀者。

出自山口拓朗《何を書けばいいかわからない人のための「うまく」「はやく」書ける文章術》

摘要後的文章

① 文章的存在是為了「讀者」，而不是「寫作者」自己。
② 擁有「不知道該寫什麼才好」困擾的人，也許是因為想法過於以自我為中心。
③ 寫作者真正應該思考的只有一點，那就是「我要怎麼寫，才能對讀者有幫助」。
④ 所有寫作的出發點都應該站在「讀者」的立場。

結論」或是「開頭：先講結論→結尾：再次強調結論」（文章想傳遞的訊息通常都在結論）。

只要掌握這類的文章結構，就更容易抓出文章要傳達的重點。

想要練習摘要力的話，我會推薦使用報紙的社論或雜誌的專欄來練習。專業作家撰寫的文章比較不會有多餘的內容。

比起一般人寫的文章，讀者更容易讀出文章的重點與核心訊息。在熟悉內容的分段摘要之後，就可以試著挑戰將整篇專欄內容濃縮成100字的摘要。

精進自己的摘要能力，其實也是在磨練理解力。

加深理解的方法⑨ 至少要掌握「主語」跟「謂語」

閱讀文章時，如果你的感覺是「這段文字好難懂啊」、「這段文字寫得太艱澀難懂了吧」等等，就請你試著抓出這段文字的主語及謂語。

基本上，所有的日文句都是「主語＋謂語」的結構，也就是寫成「誰（主語）做了什麼事／是什麼樣（謂語）」。

以這句話為例，「所有的日文句（主語）＋都是〇〇的結構（謂語）」就是基本的日文句構。而這個基本結構則乘載著許多資訊。

基本上，所有的日文句，都是「主語＋謂語」的結構，也就是寫成「誰（主語）做了什麼事／是什麼樣（謂語）」。

抓出句子的主語及謂語之後，就要根據謂語抓出更詳細的資訊。

以前面的句子為例，這句話的謂語是「寫成」，那麼我們就應該要去思考「寫成什麼」。

如此以來，就能得出以下兩個（同樣重要的）資訊。

- **基本上都是寫成「主語＋謂語」的結構**
- **寫成「誰（主語）做了什麼事／是什麼樣（謂語）」的結構**

如果不了解這個基本的句子結構，就很難理解其中的內容。

首先一定要從主語及謂語抓出大概的方向，也就是「誰做了什麼事」、「什麼事情是什麼情況」等等，就會更好理解內容。

只是，很多日文句都會省略掉主語。

如果找不到句子的主語，那就只好仔細觀察謂語，然後思考：「這是誰做的？」以鎖定主語的範圍。在閱讀冗長的文章時，最重要的一定是先抓出組成這段文字主要架構的「主語＋（賓語）＋謂語」。

> 在煩惱了許久之後，我在大雪紛飛的聖誕節前夕，把時下年輕人最喜愛的時尚品牌推出的那件新外套，送給平時打扮得土里土氣、一點都不起眼的他。

經過篩選後，這段文字的「主語＋（賓語）＋謂語」如下所示：

> 我把外套送給他。

先掌握這樣的主要架構，再觀察細節部分，就是解讀文章的基本做法。

而且，有時其實可以省略細節部分，只需理解文章的主要架構，便可達到閱讀文章的目的。

加深理解的方法⑩ 透過「5W3H」去理解

導覽說明、說明文等等，都是具有實質功能的文章。在理解這種類型的文章時，一定要特別留意「5W3H」的資訊，才能掌握其內容。

● 5W3H

- When（何時／期限、年代、日程、時間）
- Where（何處／地點、目的地）

- **Who（何人／負責、分擔）**
- **What（何事／目的、目標）**
- **Why（為何／理由、根據）**
- **How（如何／方法、方式）**
- **How many（多少／數量）**
- **How much（多少／費用）**

> 三月二日（星期三）「何時」將舉辦各部門交流活動「何事」。請有意參加的同仁於中午十二點「何時」，前往日本料理店「竹之聲」「何地」。

只要掌握文句中的５Ｗ３Ｈ，就更容易理解對方要傳達的資訊。

至於對方未提及的５Ｗ３Ｈ，我們則可以思考對方為何不提供這些訊息。

如果覺得對方提供的資訊不夠充足，就必須進一步向對方確認。

以下是有可能未出現在前述文字中的資訊。

● **Who（何人／負責、分擔）**

・「是誰」提出舉辦這次的各部門交流活動？

・參加的同仁指的是「哪些人」？

● **Why（為何／理由、根據）**

・為什麼要舉辦各部門交流活動？（目的是什麼？）

● **How（如何／方法、方式）**

・要如何舉辦這次的活動？

● **How many（多少／數量）**

・有多少人參加？

● **How much（多少／費用）**

・要參加費用嗎？

換成你向別人傳達這種具實質功能的內容時，也請務必記得傳達必要的5W3H，才能讓對方更順利地理解。反過來說，如果是對方不需要的（用不著的）5W3H，就不必「多此一舉」提及。

「因應情況，適得其中」才是運用5W3H的關鍵所在。

加深理解的方法⑪ 用「因數分解」去理解

數學的因數分解也是有助理解的工具之一。

因數分解指的是「把數字分解成可『相乘』的數字」。

例如數字21進行因數分解後可得「7×3」。

數字7跟3即是數字21的因數。說得誇張一點的話，當數字21分解成7跟3之後，我們就能看出數字21的真實模樣。

不論是日常生活還是工作，不論是實體可見的還是隱形不可見的，許許多多的事物都可以進行因數分解。

地基、主體（建物）、牆壁、內裝、設備——這些都是「建築」經過因數分解以後得到的要素。

在理解所謂的建築時，我們不只要正統地學習「建築」的基本概念，更要理解因數分解而來的每一項要素，才能加深對「建築」的理解。

地基、主體、牆壁、內裝……這些經過分解而來的因數，當然還能進一步分解，世界上的所有事物或資訊皆由複數個因數構成，這些個因數亦能進一步地被分解。

反過來說，**習慣去思考眼前的資訊「是哪個概念的因數」、「因數分解以後，還會得到什麼結果」的人，通常就會具備比較好的理解力。**

當我們將某項資訊視為某件事的因數時，只要再補齊其他的因數，就有機會理解到更完整的內容。

因數分解也是我在前面說過的「具體化」的一種型態（詳見P170）。

換句話說，將某件事進行因數分解以後，可以讓人「更容易採取行動」。

例如當你被推派為婚宴續攤的主辦人時，如果沒有將主辦人的任務進行因數分解的話，你可能就不知道具體要做哪些行動。

相反地，如果你試著去分解主辦人的任務，找出這件事的因數，例如：預約場地、蒐集宴客名單、製作邀請函、寄送邀請函、安排餘興節目、安排接待人員、與新人進行事前溝通等等，實際行動起來就會更有效率。

不曉得這件事有哪些因數的話，就算想找人幫忙，也不知道要請別人幫忙做什麼。只有先找出因數，你才知道要找誰來幫忙做那些事。

當你在向別人傳達時，也是同樣的道理。

不能只是表達大概的抽象資訊，還要提供分解後的詳細資訊，才能讓對方更容易理解及採取行動。

把要做的事情進行因數分解能更快理解

被推派為婚宴續攤的主辦人

↓

- 預約場地
- 製作邀請函
- 寄送邀請函
- 與新人事先溝通
- 蒐集宴客名單
- 安排餘興節目
- 安排接待人員

↓

把要做的事情進行因數分解的話，
不僅可以加深理解，行動也會更有效率。

加深理解的方法⑫「站在對方的立場」去理解

人要在失敗中學習經驗，並將學到的經驗應用在下一次的機會上。理解力也與這個過程密切相關。

舉例來說，假設你出於好意，給同事一些工作上的建議。但是，你給對方建議之後，卻惹對方不開心。這時你對於這件事的反應，大致可以分成三種類型。

①沒發現對方不開心

②發現對方不開心，但不曉得原因是什麼

③發現對方不開心，而且大概知道原因是什麼

如果你出現反應①，代表你對此事的理解程度很差；如果是反應③，則表示你的理解程度很好。

出現反應①的你，日後還是可能發生類似的情況（就算是不同人、不同事）。因為，這代表你並未從這次的經驗學習到任何東西。

「沒學習到任何東西」就跟「沒有真正理解」沒什麼兩樣。

相反的，出現反應③的你，就會將這次的經驗應用在下一次。

這次的經驗會讓你形成「這麼做會惹惱別人」的「理解思維箱」，並且收藏在大腦知識庫，日後就會避免在相似的情境下重蹈覆轍。

換句話說，日後的你就會懂得從對方的回應、表情及動作，解讀對方真正的想法，並且採取適合的應對。

那麼，出現反應①及反應②的人，應該怎麼做才能提升到反應③呢？

有個方法可以試試，那就是把對方當成是跟自己完全不同的生物。

「他是個外星人」只要這樣想，應該就沒問題了。

假設你真的遇到了外星人，如果你要跟他進行溝通，那麼你肯定會充分運用你的感知能力（察覺能力）。

- **他正在想什麼？**
- **他現在的心情如何？**
- **他想要說什麼？**
- **他想要做什麼？**
- **他想要我做什麼？**

你肯定會認真地思考這些問題，對吧？

也就是說，這時的你才會讓自己完全站在對方的立場。容易被誤解的人或經常惹毛別人的人，通常都會以為別人和他們有同樣的想法、感受及價值觀。

然而正是這樣的認知，才會讓人落入陷阱。

追求人與人之間的互相理解，當然是一件難能可貴的事。只是既然都說了是「追求」，那它就是「目標」而不是理應存在的「前提」。人與人溝通的第一步，就是要「把對方當成外星人」。具備這樣的認知，才會驅使自己認真地思考對方究竟是怎麼想的。

假如你經常在人際溝通方面發生問題，或是無法順利地跟別人建立關係，那可能意味著「你缺乏理解他人的能力」。

但也不用為此沮喪。因為，此時正是提升理解力的大好機會。

不斷提醒自己要把對方當成外星人，會讓自己更有意識地「傾聽對方說話」、「注意對方的表情」以及「注意對方的情緒」。

「完全站在對方的立場進行思考」，才會讓你的人際理解力大幅提升。

加深理解的方法⑬ 結合「理解思維箱」去理解

有興趣的事情總是讓人覺得比較好懂，沒興趣的事情則讓人覺得難以理解。我相信很多人都有這樣的體會。

「有沒有興趣」和「能不能理解」可說是息息相關，彼此影響甚深。

只是，既然要在這個世界生存下去，我們就不得不理解許多事物，哪怕是自己不感興趣的事情也一樣。不得不去理解自己不感興趣的事情時，可以試試看一個很有效的方法，那就是結合自己感興趣的事情或是已具備的知識。

19920122199940606

要把這串數字記下來，還不能隨便忘記，可不是一件容易的事。因為，沒有脈絡可言（無意義）的數字陳列很難引起人的興趣及關注。

那麼，假設你的出生年月日是一九九二年一月二十二日，而你弟弟的出生年月日則是一九九四年六月六日，那麼結果會是如何呢？

想必你一定就能將這串數字牢記於心，不會輕易忘記。

只要結合跟自己有關的人事物、已知的知識、個人興趣，這樣就算是自己不在意、不感興趣的事情，也會更快形成記憶。

而且在這個過程中，還會更容易理解自己必須理解卻不感興趣的事物有哪些意義、隱藏資訊。

以我自己為例。我在寫作課程中，都會跟學員傳達「要提升寫作能力的話，最重要的就是先收集資料」的觀念。只是，這樣的說法其實很難讓人留下印象（因為他們無法深入理解這句話）。所以，我都會換個方式說。

「寫作就跟做菜一樣，若是沒有食材可用，絕不可能做出任何菜餚。同樣的，若是沒有寫作素材，也就寫不出言之有物的文章。就像做菜之前要先採買食材，寫作之前同樣必須先蒐集資料才行。」

當我用這樣的方式說明以後，大多數的學員就理解資料收集的重要性。因為，我結合他們原本就熟悉的「理解思維箱」（料理），讓他們覺得可以接受這樣的說法，所以他們就更容易理解我要表達的觀念。

如果要讓新知識與已知的知識（理解思維箱）建立起連結，就必須好好鍛練自己的想像力以及聯想力。

我們要去思考：這項資訊跟我知道的哪個概念很相似？我不斷地從這項資訊聯想下去，最後會聯想到什麼呢？

舉例來說，不了解汽車的運作原理時，可以試著想像「引擎（如同人類的大腦）↓變速箱（如同神經訊號）↓輪胎轉動（如同人類的雙腿在移動）」，透過這樣的想像及連結，就會更容易理解汽車的運作原理。

遇到難以理解的資訊時，不妨試著結合自己既有的「理解思維箱」，根據其中的關連性及連結，進一步思考及理解。

第4章

步驟③
以「批判性思考」加深理解

1 具備批判性思考才不會囫圇吞棗地接收資訊

「批判性思考」是什麼？

我們身處在一個變化快速、資訊爆炸的時代與世界裡。

在這樣的時代裡，理解力是我們絕對不能「停滯」的一項能力。

這時，我們最大的武器就是「批判性思考」。

所謂的批判性思考，指的是不受常識、主觀意見或情緒左右，試圖辨別資訊真偽的思考過程，也稱為「批判性思維」、「思辨能力」等等。

簡單來說，就是**思考「這個資訊真的正確嗎？」**

主動質疑既有的常識與前提，對資訊進行分析性的解讀，並察覺自己在思考上的偏誤（偏見／先入為主），就能避免自己的理解產生錯誤或偏差。

舉例來說，有時在某些新聞報導中，都會發現報導刻意地將特定人物塑造成英雄（或是反派）。

這些報導會跳脫正常邏輯、省略重要的資訊、意圖使人誤解、將意見陳述當作事實陳述、使用模稜兩可的語句……

倘若我們缺乏批判性思考，就容易掉入這些陷阱。

拒絕被特定的資訊或觀點綁架，試著參考更多的資訊來源，也是批判性思考的展現。

我們當然不應該過度地猜疑，但是具備「這個資訊真的正確嗎？」的意識，也是避免自己被資訊擺布的重要風險控管。

此時此刻的你正在閱讀這本書。

假如此刻的你，有那麼一瞬間思考：「這位作者寫的內容真的正確嗎？」那就代表你是個具備批判性思考的人。

反之，如果你在閱讀時毫無懷疑地相信「書上寫的內容都是對的」，就表示你缺乏批判性思考。

在這個章節裡，我會為各位讀者介紹一種結合批判性思考的理解方法。

「主動積極」去理解

近年來，學校的教育愈來愈重視「主動學習」。

主動學習也稱為「積極學習」或「活躍學習」，強調不只是被動聆聽老師（講師）的授課，更要透過書寫、討論、發表等輸出行動，提升上課（學習）的效果。

舉例來說，在學習「ＳＤＧｓ（Sustainable Development Goals／永續發展目標）」時，若想加深對於ＳＤＧｓ的理解，試著把學過的內容寫下來、跟別人分享、做學習成果發表，都是很有效的方式。

因為，只有自己正確理解內容之後，才有辦法正確傳達給別人。

將「能向別人說明」當作學習的前提時，自然就會產生「我要正確且深入地理解它」的動機。

在真正做到輸出之前，我們也可能突然在某個一瞬間，發現自己還有理解不足的部分。

不過，這正是加深理解的絕佳時機。

因為只要知道自己「哪裡還不懂」，我們就可以透過主動查詢資料等等，進一步地加深理解。

而且在我們輸出的過程中，對方也會針對內容拋出各種問題。

如果我們回答不出來，或是認為答得不夠好的話，那就代表自己的理解仍有不足之處。

接著我們再仔細地去彌補這些「不足」，便能讓自己有更深入的理解。

在促進主動理解的所有方法當中，最有效的方法就是「教人」。

也就是要把自己當成老師，把學到的內容傳授給不懂的人。「說出來」並不等於「教導」，因為教導的目標是「讓對方正確地理解」。

只要把「教人」設定為前提，自然就會產生一種緊張感，讓自己更有動力、更加專注地學習及吸收知識。

舉例來說，當你在閱讀某個主題的文章時，你可以一邊思考：「換成我教別人的時候，對方會問我什麼問題？我該如何回答對方的問題？」透過這樣的模擬，就能大幅提升學習的效果。

如果你想加快學習與理解的速度，不妨給自己安排一些教學計畫，例如：「一個星期後要向學弟妹分享〇〇主題」或「一個月後要舉辦一場關於〇〇的分享會或讀書會」等等。

理解不可或缺的「鳥眼」與「蟲眼」

假設你剛離開車站，正在前往某棟大樓的途中，但是你迷路了，旁邊又沒有人可以問路。這時你應該會拿出智慧型手機，然後打開地圖應用程式吧？

這麼做的目的，就是在確認目前的位置以及目的地的位置。

這張地圖就是「鳥眼」的視角。借助這樣的鳥瞰視角（也就是借助地圖），你就能夠有效率地到達目的地。

拉高自己的視野，從更高的地方俯瞰，這種能力就稱為「後設認知」。

狹義上的後設認知，指的是客觀看待自身思考與行動的能力。廣義上則是指**以「鳥眼」般開闊的視野，從高處俯瞰包含自己在內的各種事物。**

簡單來說，提升後設認知就是讓自己擁有一雙「鳥眼」。

飛在天上的鳥兒放眼一望，就是整座城市的全貌。哪個地點有什麼東西、A到B的距離有多遠……這些在地面難以掌握的資訊，鳥兒都一覽無遺。

在圍棋或日本將棋的世界中，這種能力也被稱為「大局觀」。

所謂「大局觀」，就是以更開闊的視野審視局勢，判斷局勢的好壞以及下一步棋的最佳落點處。

擁有愈強大的大局觀，就愈能提升獲勝的機率。

相反地，我們人類的實際視角則如同「蟲眼」，目光總是緊貼著地面。一旦迷失了方向，就可能搞不清楚自己身在何處，也找不到目的地。

「蟲瞻視角」的人若想擁有「鳥瞰視角」，就必須落實以下兩個步驟：

①要有「存在著鳥瞰視角的世界」的意識

②發揮想像力，主動切換成「鳥瞰視角」

請你試著想像一下，想像你的「眼睛無人機」往上飛到空中。

從高空俯瞰以後，現在這個情況看起來是什麼模樣？

從對方的角度來看的話，會是什麼模樣？

從終點往回看的話，又會是什麼模樣呢？

有時要以更寬廣的視野看世界，才能真正理解各個要素之間的位置關係、彼此之間的關聯性、原來的目標、事物的本質與真正的用意等等。

更進一步來說，「意識到自己『並不是很懂』」這件事的本身，也是一種後設認知的展現。

後設認知的能力提升以後，我們就會更容易察覺：「這樣理解真的是正確嗎？」「是不是哪裡怪怪的？」「是不是有更深一層的意義？」

話雖如此，有些人就是沒辦法順利跳出固有的視角。

如果你也是這樣的話，我建議你不妨試著聽取旁觀者的意見回饋。

所謂的意見回饋，就是「針對對方的言行，給予評價或提供改善建議」。

舉例來說，假設你在店裡跟顧客介紹產品，而你覺得自己「介紹得很好」。

但當時另一位在場的同事後來跟你說：「你在介紹〇〇部分的時候，講得不太清楚。」也就是針對你的產品介紹給予意見回饋，那麼你就會察覺原來自己覺得「介紹得很好」的認知（理解），其實是有誤的。

如此一來，以後你在介紹產品時，就會針對這部分進行調整。

像這樣借用「旁觀者的視角」，培養出自己的「鳥瞰視角」。

跟「自以為已經理解」的人一樣，抱持「我覺得自己的後設認知能力很好（也就是覺得自己能夠通觀全局）」想法的人，通常很難提升自己的視野。

想要提升後設認知能力，偶爾對自己提出「我的後設能力是不是有待加強？」才是最適合的態度。

培養「鳥瞰視角」的方法

從高處俯瞰的話，
現在這個情況
會是什麼模樣呢？

從終點往回看的話，
又會是什麼模樣呢？

從對方的角度來看的話，
會看到什麼模樣呢？

以更寬廣的視野看世界，才能真正理解各個要素之間的位置關係、關聯性、原來的目標、事物的本質與真正的用意等等。

別被對話或文句的「不合理」給騙了

如果所有的言談跟文章都合乎邏輯，那當然是再好不過的事。可惜，現實中有不少人說的話跟寫的文章不是欠缺邏輯性，就是省略必要的推論及根據。

講求邏輯時，大致上會看兩個重點。一是「語句之間的連結強度」，二是「支撐結論的理由與根據是否充足」。

若要正確地理解內容，我們就必須仔細觀察每一句話、每一段文字是否合乎邏輯、邏輯是否清楚。

例句①：健司在接受聲樂訓練，所以他唱歌應該很好聽。

假如從未聽過健司唱歌，就不能完全相信這句話。因為，正在接受聲樂訓練並不代表唱歌就是好聽的。說不定他就是因為唱得不好，才接受聲樂訓練。

例句①做出「唱歌很好聽」的結論，卻缺乏有力的根據。很多文章乍看之下通順合理，其中卻有許多像這樣邏輯不通的句子，必須審慎以待才行。

> 例句②：健司正在接受聲樂訓練。前幾天，有一場300人報名參加的關東聲樂比賽，他也在比賽中拿下冠軍。他的歌唱實力真是出類拔萃。

例句②比例句①來得更有說服力。因為這段話提供了難以反駁的依據。

如果他是「300名參賽者中的第一名」，那麼說他「歌唱實力出類拔萃」就很有說服力。相反的，如果只有「5名參賽者」的話，那麼「歌唱實力出類拔萃」就有些誇大其詞了。

> 例句③：健司正在接受聲樂訓練。前幾天，有一場300人報名參加的關東聲樂比賽，他在比賽中拿下冠軍。要說他唱歌很厲害嗎？好像也不至於。

跟例句②比起來，這句話顯然就怪怪的。
因為在這段話當中，連接詞「然後」之後的內容跟前面的內容產生矛盾。
也就是說，這段話的「前後連結過於薄弱」，容易讓讀者感到混亂。

> 不懂冰壺規則的人就無法參加比賽。所以不玩冰壺的人當然也不懂規則。

這段話的第一句還算合理，但第二句就很難說服人。

因為，很多人就算知道冰壺的比賽規則，也不見得一定會下場比賽。

寫出這段字的人或許以為第一句話倒過來講並沒問題，但「因為A所以B」成立並不代表「因為B所以A」也能成立。

察覺出語意上的不合理，也是理解能力的一部分。

經常問自己：「這樣的邏輯關係是正確的嗎？」、「這個根據是正確的嗎？」能幫助我們更容易察覺到邏輯不通的文句。

耳朵聽到的話、眼睛看到的文字，不見得全部合乎邏輯。

若是無法識破「奇怪的邏輯（沒有邏輯性）」，就容易被錯誤的資訊混淆視聽，甚至被居心叵測的人欺瞞愚弄。

非知不可的2個「理論結構」

「演繹法」與「歸納法」是進行邏輯思考或表達時，最常使用的兩種方法。

「演繹法」是一種根據普遍性的規則、法則，或是基於某個前提，推導出具體結論的方式。

例如：「A＝B，B＝C，所以A＝C」的「三段論法」，就是演繹法的代表。

演繹法範例

在日本18歲就有選舉權。小彩年滿18歲。所以，小彩擁有選舉權。

相對地，「歸納法」則是從具體的個例總結出普遍的結論。例如：**「A＝D，B＝D，C＝D，所以包含A、B、C在內的○○都是D」**等推論。

> **歸納法範例**
>
> 前幾天，有個電視節目做了「豆腐提拉米蘇」的特輯。「豆腐提拉米蘇」是X（原「Twitter」）最近的熱門話題，我在便利商店也看到了新推出的「豆腐提拉米蘇」甜點。看樣子，豆腐提拉米蘇已經成為一股新的風潮。

無論是演繹法還是歸納法，都是根據兩項以上的事實或案例，推理出結論。

在職場溝通中，以演繹法為基礎的結論先行，是最常見的溝通與表達方式。「PREP法」就是其中一種溝通技巧。

Point：重點（結論、主張）

Reason：理由（支持結論的依據）

Example：具體事例（增加說服力的實例、經驗、數據等）

Point：重點（重申結論、主張）

【P】我們在辦公室弄個午休室吧。

【R】因為，午休小睡可以有效減少大腦的疲勞。

【E】我看過一份關於午休小睡的資料，有一間公司把員工分成兩組，一組是午飯後小睡片刻的員工，另一組是午飯後直接工作的員工，結果發現前者的工作效率比後者高了30%。

【P】所以，我們也把三樓的空辦公室整修成午休室吧。

當你在聽別人說話或是閱讀文章時，一定要注意其中的理論跟邏輯。換成你在表達時，也要意識地運用「演繹法」與「歸納法」等具有邏輯性及說服力的理論。

因為，愈能以正確的邏輯進行表達的人，才愈有辦法察覺出別人的理論是否合乎邏輯、邏輯是否通暢。

當你的「覺察能力」愈來愈敏銳以後，你判斷資訊的能力，也就是辨別真假、可信度和說服力的能力，也會隨之提升。

2 積極主動地加深理解的方式

用「朗讀」提升理解度

我們在國中小的階段經常朗讀課文或文章，高中以後卻是少之又少。出了社會就更不用說，幾乎沒看過出社會的人在朗讀文章。

不過，朗讀其實是一種非常有效提升理解力的學習方式。

或許你也有過類似的經驗，就是當你讀到難以理解的句子時，你便會不自覺地讀出聲音。

如果只是使用眼睛在閱讀，不用嘴巴念出聲音時，其實我們很容易對那些文字「視而不見」。

不過，**一旦進入「先用眼睛看，再用嘴巴念出聲」的朗讀模式，這些「資訊（也就是文章內容）」就一定會進入大腦進行處理。**

這個過程能幫助我們更理解每一字、每一句，及整段文字的脈絡及意思。

在朗讀的過程中，嘴巴讀出來的聲音會傳入耳朵，並且經過骨傳導（透過骨骼震動的傳導），再度傳回大腦。

換句話說，朗讀其實就是一種雙重、三重的輸入過程。

而且朗讀過程中，如果讀到了不認識的詞彙，大腦就會立刻做出「我不懂這個字」的判斷（不會視而不見）。

正因為有「我不懂」或「我不知道」的自覺，才會進一步採取查字典、上網搜尋等等的行動。

在文句通過大腦的過程中，我們也會更容易注意到文章是否具備邏輯、邏輯是否清晰。

這時可能就會發現：「好像沒有提到原因？」「論點似乎不夠有力？」等等。

換句話說，朗讀還可以提升批判性閱讀的精準度。

在面對內容艱澀難懂的文章時，我非常建議使用朗讀的方式去閱讀。

如此一來，原本在默讀時覺得不清不楚的資訊、各個資訊之間的關聯性，就會變得愈來愈清晰，能讓人建立起更加正確且深入的理解。

用「朗讀」加深理解

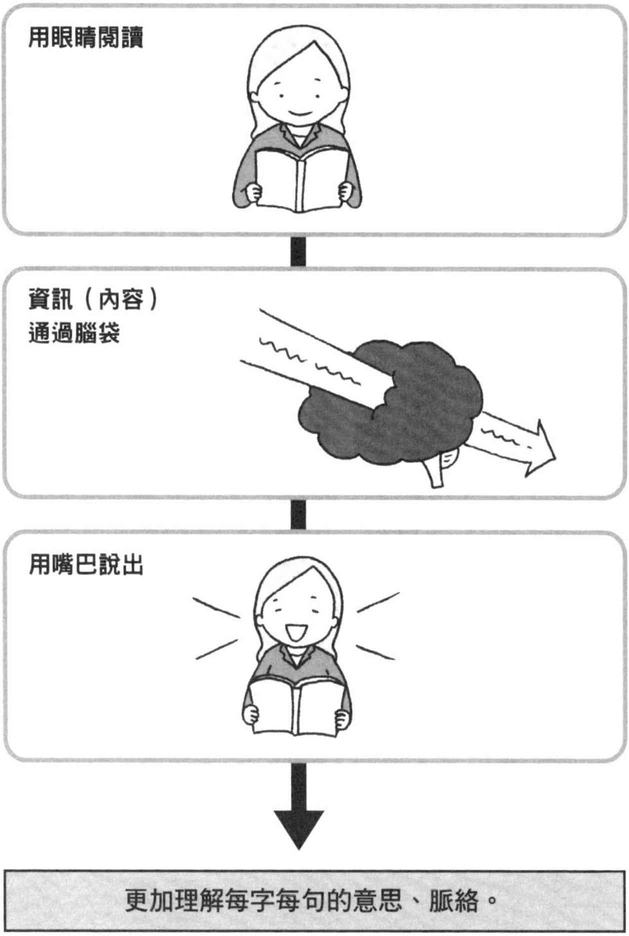
用眼睛閱讀
資訊（內容）
通過腦袋
用嘴巴說出
更加理解每字每句的意思、脈絡。

不停地「提問」加深理解

若要正確地理解事物，最有效的工具之一就是「提問」。

在談話節目上，如果評論者的評論或發言不夠明確時，主持人若是個善於精準提問的人，就會懂得抓準時機說：「哦？您指的是什麼意思呢？」「請問具體而言是如何呢？」「請問根據是什麼呢？」觀眾就會覺得評論更好理解。

提出疑問並不是隨便丟個問題。如果提出的問題與對方的發言不相關，就沒辦法讓對方說出必要的訊息。

舉例來說，假設你尊敬的前輩給你建議，對你說：「多讀書是件好事。」這時如果你回答對方：「好的。不過，我也可以嗎？」前輩可能就不曉得該怎麼回應你。

因為對方不理解，你提出「我可以嗎？」這個問題的意義是什麼。

向別人提問之前，最重要的應該是思考「自己不懂的是什麼」以及「自己是怎麼不懂的」。

「前輩，其實我之前真的不怎麼愛看書。所以我想請教您，您覺得多看書有哪些好處？」

假如你是這樣提問的話，對方就會知道你目前的狀況，以及你提出這個問題的意義所在，才會比較好回答你的問題。

而且，當你透過提問去了解「閱讀有什麼好處」，你才會明白前輩建議你多閱讀的用意。

假如你聽完對方的回答之後，仍有不明白的地方，當然還是要繼續提問。

「前輩，可以請您告訴我，您讀過哪些好書嗎？」
「請問您覺得閱讀時應該要特別注意什麼事？」
「請問您都是怎麼閱讀，才不會看了就忘呢？」
「假如覺得內容很難懂的話，還是要努力地把整本書都讀完嗎？」
「看漫畫不算是閱讀嗎？」

這些問題都有明確的提問目的。

想要提出有意義的問題，就必須先知道「自己不懂的是什麼」以及「自己是怎麼不懂的」。

簡單來說，就是**先搞清楚自己想解決什麼問題、想理解什麼問題**。

因為只有清楚知道「自己不懂的部分是什麼」，並帶著明確的目標進行提問，才會讓自己在獲得答案時，吸收到更多的資訊（也就是更能理解內容）。

相反的，假如連自己都不知道自己不懂什麼、想理解什麼，只是隨便問一些無關緊要的問題，那就無法獲得真正有價值的答案。

就算對方真的回答有價值的內容，自己也沒辦法有效率地吸收那些內容（因為並未帶著目的去提問）。

因此，若要提升理解力，就要帶有明確的提問目的，採取「主動進擊的提問」，而不是未加思考就「毫無目的地發問」，只想依賴對方主動提供更多資訊。

建立「假設」加深理解

具備理解力的人，通常也有「建立假設的能力」。

假設指的是「在資訊尚未充足的狀態下，或是分析、證明尚未出來之前，提出暫定的答案」。

也就是針對已知的資訊、眼前的現象或發生的事情，提出「這樣的情況也許是〇〇」、「這樣的事情恐怕就是〇〇」等推測。建立假設之前，要先蒐集必要的資訊，進行分析及證明，然後還要去判斷此假設是否正確。

- **制定任務計畫時**
- **擬定企劃案時**
- **發生問題時**
- **迎戰業務領域或談判時**
- **閱讀資料或文章時**
- **聽別人說話時**

在許多場合下，建立假設能發揮出很好的效果。

因為這些假設都具有輔助線的功能，能幫助我們更好地理解。

那麼，我們應該如何建立假設才好呢？

進行假設的重點就在於**找出大腦知識庫當中相似的「理解思維箱」**。

舉例來說，假設你發現你與客戶之間發生了一點摩擦。

這時理解力比較高的人，就會立刻在大腦知識庫裡進行搜尋，思考「原因出在什麼地方」。

然後，也許他就會得到「這個客戶在3年前也跟其他間公司發生過類似問題」的資訊，並且根據這個資訊，做出「說不定這次跟3年前一樣，也是因為他們沒有拿到會議記錄」的假設。

像這樣**先建立假設會讓自己更容易理解**。

假如自己的假設是正確的，那麼理解的過程就是在「驗證答案」。

即使假設不成立，透過獲得「我的假設與〇〇不同」的資料，也能讓自己朝著更準確的方向修正理解。

在跟別人說話時，如果覺得：「咦？他說的跟我理解的不同。」也就是發現自己的假設與對方說的有落差時，我們就會更加專注去理解對方說的話。

如此一來，理解的程度自然就會提升。

而假設與實際情況之間的「落差（差距）」，當然也會進一步形成新的資訊（理解思維箱），再度地更新自己的大腦知識庫。

大腦知識庫得到了擴充，日後進行假設時的精準度就會提高，便能形成一個好的循環。

一邊進行「反論」一邊理解

若想真正深入理解一件事，就必須從「消極被動的理解」改變成「積極主動的理解」。因為，這個世界有太多的資訊都是錯誤的，更有許多真假難辨、模稜兩可的資訊。

還有一種情況也不少見，那就是傳達資訊的人（發言的人、寫作的人）也未必真正的理解。

在培養積極主動理解的過程中，「提出反論」是一種極為有效的方法。

假設你的同事A說：「正常來說，這個產品放在通路A應該會賣不出去，但放在通路B應該會賣得不錯。」

這種時候，你就可以試著提出反論。

「為什麼你如此肯定地這麼說呢？我認為○○，所以放在通路A應該也可以熱賣。」

至於要不要實際說出自己的反論，當然還是要視情況而定。

就算沒有說出口，只要在心中提出反論，就會啟動大腦的思考。

自那一瞬間起，也會啟動「我的這項資訊是否正確」的自我驗證。正是這樣的思考，才會有助於自己的理解。

我們的反論有可能是正確的，也有可能是錯誤的。但是，不管正確還是錯誤都不重要。因為，提出反論可以讓彼此有更深入的討論、形成更深入的見解，就理解這一點而言，不管反論對錯與否，都是沒錯的。

「提出反論」就是在「縝密地掃描資訊」。透過縝密地掃描資訊，才更有可能推導出正確的資訊。

若要讓自己更習慣、更有意識地提出反論，試著針對自己以往被動接受的資訊，主動地練習提出反論，也是個非常有效的方法。

電視節目、報章雜誌、網路新聞等等，都是我們平時接收資訊的管道，不妨針對這些資訊，試著提出自己的反論。

尤其是「習慣囫圇吞棗地吸收知識」的人，一定要培養反論思考的能力，才有機會提升自身的理解力。

透過「討論」加深理解

跟別人進行討論（商議、檢討），通常也能加深自己對於事物的理解。

提出彼此的意見及主張，進行激烈的論戰，可以讓我們更容易看出事物的本質或最適合的答案，以及看清楚原本沒察覺的某些事物的好壞與可能性等等。

假設有三個人在討論，分別提出意見A、B、C，且彼此都主張自己的意見才是對的，最後的結果可能是終於爭論出其中一個意見才是對的，也有可能討論出一個介於意見A、B、C之間的折衷方案。

有時，甚至有可能討論出與意見A、B、C截然不同的全新意見Z。

在討論過程中，最重要的一點就是認真聽別人說話。

①他的意見跟主張是什麼？

②支持他的意見或主張的「理由、根據」是什麼？

③他提出的根據或理由是根據哪一項事實？

④他的意見跟我的意見哪裡不同？

帶有情緒性的爭論、討論，是一種很沒有建設性的行為。

我們不必一一駁倒對方的意見。

過於執著自己的意見，是討論的大忌。

因為它會蒙蔽我們的雙眼，讓我們看得更不清楚事物。

討論時只要保持中正的立場及冷靜的態度，整理彼此的意見或主張（也就是資訊），然後收納到自己的大腦知識庫就好了。

不過，並不是只有正式的討論才能培養理解力，只要平時多跟別人交換意見或對話，也能慢慢培養起正確且深入理解事物的習慣。

你贊成「無條件基本收入」嗎？

無條件基本收入，指的是「國家一律向每一位國民發放現金，不做任何條件設定，無關乎個人年齡、性別等等」的制度。

請你試著跟身旁的人討論這個制度。

當你傾聽其他人對於無條件基本收入制度的意見之後，想必你就會更加了解這個制度。

透過「體驗」去理解他人的感受

你能不能理解別人的心情（情緒）呢？

這是身為人類的我們在生活及工作上，極為重要的一點。

如果無法理解別人的心情，有時甚至連溝通都不可能做到。

相反的，如果有辦法做到理解別人的心情，才會更容易與對方產生共鳴、情緒共感，進一步與對方建立起堅固的信任關係。

一出生就錦衣玉食的人，有沒有辦法理解貧窮人家的心情呢？

從不在別人面前緊張的人，能夠理解害怕上台的人是怎樣的心情嗎？

從不感冒的人，能理解體弱多病的人是怎樣的心情嗎？

這些問題的答案肯定都是「沒辦法」，對吧？

人都不可能真正地理解自己沒經歷過的事情。

就算自己覺得「應該理解」，那也不能算是真正的（或是深入的）理解。「有過經驗的理解」肯定遠勝於「不曾體驗過的理解」。

不曾失戀過的人，都是在經歷第一次的失戀後，才會明白那種心痛。

體驗過高空彈跳的人，一輩子都能跟別人分享高空彈跳是什麼樣的感覺。

透過體驗得到的理解都是堅不可摧，因為經驗正是最重要的理解。

以工作為例，假如年輕時候跑過業務、做過文書、接待過客戶、做過企劃等等，體驗過各種不同的工作內容，肯定更能理解所有上班族的心情吧。

體驗過的所有經驗，當然也會讓自己的人生更加豐富。

不管是閱讀、看電影、參觀美術館、到新開的餐廳嘗鮮、使用新的應用程式、下載新的遊戲、去從沒去過的地方……這些體驗都會讓大腦知識庫更加充實與豐富。

接受「意見回饋」更能理解

我在前面提到後設認知（詳見P210）的時候，也說過就提升理解力而言，接受他人的意見回饋也是非常重要的一件事。

很多時候，我們自以為正確無誤的理解，別人看來卻有可能是「錯誤的理解」或是「不是那麼正確的理解」。

我們人類本來就不太容易做到客觀看待自己。

你現在能夠獨當一面完成工作，不也是因為有主管跟前輩一直以來的各種指導，還有不停地指出你在工作上的問題點，所以你才愈做愈上手嗎？

若想要提升自己的理解準確度，讓第三人來確認「你的理解是否合適」，也就是接受別人對你的意見回饋，也是非常有效的方法。

例如在正式開會做簡報之前，先請別人陪你預演一次，並給你建議。

或是，請對方閱讀你寫的文章，並給你建議。可以詢問對方：「請問我這樣理解是對的嗎？」請對方客觀地判斷等等。

對於企業而言，顧客的意見、投訴等等，也都是非常珍貴的意見回饋。

企業接受顧客的反響以後，才會對自家的產品或服務有更深入的理解，進而促進改善或調整，推出更好的產品及服務。

除此之外，跟著別人一起讀書、一起行動、互相分享資訊等等，也會讓自己的理解變得更深入。

假如看到別人整理的筆記之後，發現「原來筆記也能這樣做」的話，那就是對於「整理筆記」有了新理解。

因為，提升理解力最重要的一點，就是突破「自以為已經理解」的高牆，隨時保有接受新資訊、新觀念、新想法的彈性空間。

能透過他人的意見回饋修正自身理解的人，想必在為人處事方面也會變得更成熟。

「筆記」是幫助理解的工具

就提升理解力而言，「筆記」是一項強而有力的輔助工具。

做筆記有助於大腦形成記憶，進而促進理解。

請你閱讀以下這篇文章。

「再販制度」的正式名稱為「再販賣價格維持制度」，此制度規定製造業者（即製造商）可決定商品的定價，讓商家以定價販售商品。日本的《獨占禁止法》基於促進自由價格競爭的立場（為了防止不公平的交易方式），規定不得限制販售價格。

不過，基於保護言論自由及文化，書籍、雜誌、報紙、黑膠唱片、錄音帶、CD等6類商品則破例適用於「再販制度」。

讀完這篇文章以後，想必有人終於理解日本的「再販制度」。

但是人類大腦儲存短期記憶（工作記憶）的容量並不大，所以先前儲存的記憶都會一一忘掉。

有些人讀完上一頁的文章，經過了2、3天以後，肯定都已經開始忘記內容，講不出來什麼是再販制度。

再經過2、3個月以後，大概已經把整篇文章的內容都忘得差不多。

做筆記的用意就是避免自己忘掉這些記憶，幫助自己提升理解力。

以下是「做筆記」有助提升記憶力、理解力的3個理由。

① 發揮出外接式硬碟的功能

工作記憶（短期記憶）指的是只能維持數分鐘至數小時的記憶。

尤其是接收到第一次接觸的資訊，如果不花點力氣，就沒辦法將這些記憶轉移到隨時都能讀取的「長期記憶」（也就是忘記了）。

所以，我要推薦的方法就是「做筆記」。

「做筆記」其實就等於是「把記憶儲存到外接式硬碟」。

講得誇張一點，只要整理成筆記，就算真的忘記了也無所謂。

②可以把資訊從手指送到大腦

我們在寫字時，一定是手握著筆，靠著手指的移動留下字跡。

在手指移動的過程中，大腦不論如何都一定會專注於文字（資訊）。

此時，文字訊號就會直接傳達給大腦，也就更容易形成記憶。

我在理由①說過「只要做筆記，就算忘了也無所謂」，但其實做了筆記就會讓大腦形成記憶。

「再販制度」的整理筆記

「再販制度」的正式名稱為「再販賣價格維持制度」，此制度規定製造業者（即製造商）可決定商品的定價，讓商家以定價販售商品。日本的《獨占禁止法》基於促進自由價格競爭的立場（為了防止不公平的交易方式），規定不得限制販售價格。

不過，基於保護言論自由及文化，書籍、雜誌、報紙、黑膠唱片、錄音帶、ＣＤ等6類商品則破例適用於「再販制度」。

↓

筆記範例

- 業者可決定商品定價，讓商家以定價販售商品。
- 為防止不公平的交易，獨占禁止法規定不得限制販售價格。
- 基於文化保護等理由，書籍、CD等6類商品破例適用再販制度。

③透過複習筆記，讓自己更有印象、更加理解

既然都整理成文字筆記了，就可以經常拿出來複習。每一次複習筆記都是在強化記憶（資訊會從短期記憶轉變成長期記憶），加深理解。

選擇不做筆記就等於放棄了複習的機會。而且，複習時還能唸出聲的話，就會更容易把內容記起來，也就更容易加深理解。

而且基於理由②，我會更推薦以「手寫」的方式整理筆記。

就算用手機或電腦打字也無妨，只要經過做筆記這個過程，理解程度肯定都會比不做筆記來得更好。不必勉強手寫，就用自己喜歡的方式做筆記吧。

第 5 章

工作上必須理解的10件事

1 確認自己需要理解什麼

理解自己「需要先理解什麼」

若要提高工作效率及生產力，除了要提升自己的理解力，更必須先理解自己「需要先理解什麼」。

因為要是連自己都不曉得自己「需要先理解什麼」，那麼根本就不會萌發「想去理解」的念頭。

以打籃球為例。

想要打好球的話，就必須知道自己應該需要先理解什麼，例如「規則」、「打球時有哪些必要的動作」、「訓練方法」、「隊員的球風或個性」等等。

「靈活的髖關節可以讓步法更敏捷」。當你理解了這一點，說不定你就會更有意識地進行能讓髖關節更靈活的伸展運動。

但如果你根本就不曉得（並未理解）擁有靈活的髖關節，對於籃球員而言是一件有幫助的事，也許你根本就不會去做那些伸展運動，或只是敷衍地做做動作而已。

不只是打籃球，做任何事情都是一樣。

一定要理解自己「需要先理解什麼」。

理解能力好的人，其實都很清楚這件事的重要性。

正因為如此，他們才有辦法提升工作的效率及生產性。

在這個章節裡，我會介紹10個在工作上必須先理解的重點。

請你試著代入自己的工作，想一想你必須先理解哪些事。

需要先理解什麼① 理解「目的」

工作上最重要的理解之一，就是「理解目的」。

目的，也就是針對問題中有「為什麼」的回答。

・為什麼要寄這封信呢？

・為什麼要開這場會？
・為什麼要做這份資料？
・為什麼會推動這個專案？

不論是每個人各自做的每一項實務工作，還是各個團隊、專案小組，乃至整間公司在做的事情，每件事一定都有各自的「目的」。

只要理解做每件工作的目的，就有機會做出好成績；但要是不這麼做的話，結果就不是如此了。

舉例來說，近來有愈來愈多間企業都開始採用「一對一面談」。而所謂的「一對一」，指的就是一位指導者（主管或領導者）與一位被指導者（下屬或成員）單獨進行對話。

一對一面談的目的在於「讓主管與下屬建立起信任關係，提升下屬的工作動機，促使下屬在工作上的成長」。

假如主管並不理解這種面談形式的目的所在，結果會是如何呢？最後，恐怕會變成主管單方面的說教，或是兩人漫無主題隨意地聊天，也可能變成只是在聽下屬發牢騷而已。

這樣的結果根本就是本末倒置，白白浪費彼此的時間與精力而已。

「若不能理解事情的目的，就不可能有好成果」這句話說得一點也不誇張。

假設你現在要寫一封有關這個週末舉辦的「展示會」的邀請函給客戶。

這時，寄邀請函的目的是正確告知客戶關於展示會的時間與地點嗎？絕對不是。

寫這封信的目的，應該是「讓客戶願意來參加展示會」。

如果是理解這個目的的人，就會先思考：「再幾天就是展示會了，我該怎麼寫才會讓對方願意來參加呢？」然後斟酌信件的用字遣詞。

理解這個目的以及不理解這個目的的人，寫信時的用字遣詞上肯定就會有天壤之別。

結果當然也是不言而喻。

若是不清楚事情的目的，就要去請教有經驗的人，盡量不要自己隨便猜測。

就算必須做出某個選擇或是決定，也必須回到出發點重新思考，反問自己：

「當初做這件事的目的是什麼？」

最終採取的任何行動，做的任何決定，都取決於做這件事的目的。

需要先理解什麼② 理解「主題與構想」

在工作現場，理解主題與概念是非常重要的。

即使平常不使用「主題」或「概念」這些詞彙，只要能掌握這兩者，會更容易在工作上取得成果。

「主題」是指「主軸／主題」，而「概念」則是從根本上統整的「架構」。

以美容產品的企劃為例。

如果主題是「抗老化」，那麼概念就是「在浴室裡就能進行肌膚的新陳代謝活化法」。

會議場合的主題，指的就是開會的「議題」。

開會的議題是「關於〇〇的意見交流」？還是「〇〇的資料驗證」？如果不曉得開會的主題是什麼，開這場會也只不過是在白白浪費時間而已。

出席會議時，如果發現自己不太清楚會議的主題，也可以向在場的主持人再次確認，總之一定要想辦法搞清楚才行。

對於一件事的主題或構想愈清楚的人，就會更容易在會議、面談、談判、商議等場合上，掌握主導權（採取自發性的行動）。

「我們是不是偏離了主題？」「我們要不要修改構想？」當對話陷入膠著、失去方向時，他們也許就會像這樣主動開口，引導場面。

需要先理解什麼③ 理解「運作體系」

「運作體系」也是工作上必須先理解的一個重點。

這裡說的「運作體系」，也可以理解成「流程」或「步驟」。

也就是說，我們必須理解在整個工作的運作中，有哪些事情要如何安排、要如何進行。

舉例來說，假設你要負責製作商品的宣傳單，那麼你可能就要進行「調查商品的目標客群」、「確定商品的訴求重點」、「進行商品拍攝」、「設計委託」、「撰寫文案」、「發包印刷」、「安排發送宣傳單」等工作。

除此之外，也許還有「向主管報告或確認」等流程。

如果你希望更有效率地完成工作，達成目的，那你就必須先建立一張藍圖，

以掌握這些工作的順序與優先程度。

如果這份商品宣傳單要先經過主管的確認，那麼你在「確定商品的訴求重點」或「委託設計」之前，最好應該先了解主管的想法及意見。

另外，在委託設計宣傳單的環節中，設計師的技術或風格往往會影響到成品的呈現。若希望設計出來的宣傳單能夠具體地呈現出商品概念，那就必須先了解對方「擅長的設計風格」。

工作上的各個項目之間都會像這樣密切相關。

假如不夠理解A部分的工作，B或C部分的工作可能就無法進行（甚至有可能往錯誤的方向進行）。

在專注於眼前工作的同時，也要掌握好整體的流程。

需要先理解什麼④ 理解「理由」

「做這件事的理由是什麼？」

「為什麼這件事是由他來做的？」

「大費周章舉辦這個活動的理由是什麼？」

「為什麼不選擇A案而選擇B案？」

我們在工作時，一定都會被問到關於某件事、某個情況的理由。

這時，如果對於自己的答案有所遲疑，或是回答不出來的話，那就代表自己並不夠理解這麼做的理由。

沒有理由驅動的行動（或是方向錯誤的行動），往往無法帶來好結果。

假設你是個業務員。如果你沒辦法向客戶說明理由，讓客戶知道為什麼需要這項商品的話，他們肯定不會對你的商品產生興趣。

最能讓人思考理由的提問，就是問：「為什麼？」

面對所有的事情、情況都要問：「為什麼？」務必弄清楚理由。

對自己的行動提出「為什麼」的提問，可以加深對於自己的理解。

「為什麼今天工作不太順利？」

「為什麼主管說的話讓我覺得這麼不開心？」

「為什麼我會突然想要加強英語會話？」

讓人思考理由的提問「Why？」

做這件事的
理由是什麼？
大費周章
舉辦這個活動
的理由是什麼？
為什麼這件事
是由他來做的？
為什麼
不選擇A案
而選擇B案？

如果對自己的答案有所遲疑，或是回答不出來，
就代表自己還不理解那件事或那個情況的理由。

找出自己這麼想或這麼做的理由，
可以提升工作的效率及生產力，
也會更容易解決自己的煩惱或課題。

找出自己這麼想或這麼做的理由，除了可以提升工作的效率及生產力，還可以更容易解決自己的煩惱或課題。

假如覺得自己好像不是很清楚理由的話，也可以試著判斷「有沒有必要這麼做」、「能不能想出其他的方法」。

也就是說，還可以讓自己改掉一些出於惰性而「不自覺」的壞習慣。

真正理解理由以後，我們的工作方式、生活方式，都會變得更有力量。

需要先理解什麼⑤ 理解「背景」

「背景」指的是一件事情背後的情況或環境，很多時候都不是那麼容易就能看見。因此，抱持著「我要積極地去理解」的意識，是相當重要的一件事。

舉例來說，假設某個A服務非常受歡迎，這個情況的背後也許有著「日本的少子高齡化正在加速」的社會背景。

某間企業新上任的董事是30多歲的年輕人，這個決定的背後說不定有著「沒辦法年輕化的企業恐怕會走向衰敗」的根據（也就是背景）。

有些情況或事情的背後是「容易理解」的背景，一看就能明白，但也有「不易理解」的背景，怎麼看也看不出來。

假如你不能理解公司的人事異動，說不定是因為你不能理解公司內部的勢力關係（例如：派系對立等等）。

但如果是具備理解力的人，就能敏銳地察覺到別人看不見的背景。

若要看出一件事的背景，理解背景種類也是非常重要的事。

例如社會背景、心理背景、政治背景、經濟背景、環境背景等等。

舉例來說，假如你無法理解朋友A，也許是因為你並未看到他的心理背景

（像是親子關係等等）。

當你覺得現實情況跟你想像的不一樣時，不妨稍微停下腳步，思考：「這件事的背景是什麼？」

當你理解事物的背景之後，才會更容易找出解決對策。

需要先理解什麼⑥ 理解「前提」

當前提改變時，一切都會改變。

舉例來說，假設你對於某張號稱「住院一律每日給付1萬5000日圓」的A保險非常有興趣。後來你才知道「因事故或指定感染症住院者不在給付範圍」，你覺得如何呢？

說不定你就會失去興趣，覺得「既然這樣，那就沒有必要買這張保險了」。因為，這件事的前提已經不同了。

所謂的前提，指的是「某件事物成立的『前置』條件」。

前提是各種結論、決定、判斷的重要基準，非常關鍵。

不只簽約或談判，就算是會議、面談，也必須先搞清楚涉及議題的前提。必要時，還可以主動表示：「可以跟您確認一下前提嗎？」「我們先來確認前提吧。」才能避免事後產生誤會或爭議

前提本身就是一個「理解思維箱」。

例如專案的目的是「促進社會貢獻」或「創造就業機會」？還是「提升公司品牌形象」？一旦前提不同，後續討論與理解方向就會完全不同。

如果你是負責傳達資訊的人，一定要習慣傳達必要的「前提」，才能避免對方誤解或造成後續的問題。

在工作場合中，成本（金錢成本、時間成本、作業成本、心理成本）的「有無」及「多寡」，往往是推動工作的重要前提。

此外，像是推動工作的方法與流程、使用的工具、團隊成員、截止期限、涉及的商品或服務、主題與概念、基本方針，以及目標客群（也就是打算傳遞給哪一類顧客）等等，也是需要事先確認的重要前提。

對前提條件抱持敏銳態度的人，通常都會是重視正確理解的人。

需要先理解什麼⑦ 理解「現況」

工作時，理解現況是極為重要的一件事。

若不能理解現況，就無法知道接下來應該如何行動。

舉例來說，假設某間工廠的生產線發生狀況，導致生產線停擺。

認知「生產線停擺」的事實，只不過是理解現狀的第一步。

而要做出最適合的應對，則需要從不同的面向進一步理解。

- 停擺多久了
- 停擺的原因
- 該生產線的人員該如何安排

- **讓生產線復工的方法**
- **停工期間的生產損失**
- **無法復工時的替代方案**

先掌握「現在的狀況有哪些『事項』必須去理解」，能讓人更容易理解。

如果你經常無法順利理解現狀，我建議你先列出可能在工作上遇到的各種情況，再一一列出「現況中必須理解的『事項』」。

若要提升對於現況的理解力，除了要細心觀察目前的情況之外，更重要的是運用自己的大腦知識庫，仔細思考：「現在的狀況跟先前的哪個狀況相似？」

對於現況先有正確的理解，才能讓自己將後續的工作處理得更好。

需要先理解什麼⑧ 理解「風險」

工作中有新的嘗試或挑戰時，多少都會伴隨一些風險。如果不了解會遇到什麼的風險，就可能得到慘痛的教訓。

- **如果那個商品賣不出去，結果會怎樣呢？**
- **如果跟那間公司合作破局的話，結果會怎樣呢？**
- **如果讓他來當組長，但他做的不好的話，最後會怎樣呢？**
- **如果這個專案中途夭折的話，會有什麼樣的結果呢？**

若能預先設想各種情況可能面臨的風險，並且一併掌握因應對策的話，這樣就算未來真的發生了這些狀況，就能快速地採取適合的應對措施。

相反地，有些人總是等到出狀況才開始思考怎麼辦，他們平常工作時也許就像個無頭蒼蠅一樣，經常手忙腳亂的。

舉例來說，當主管問：「如果A公司拒絕合作，你打算怎麼辦？」他們可能只會回答：「呃……這個嘛……該怎麼辦呢……」

假如除了你之外，還有其他人一起做決定的話，那麼你應該事先主動詢問對方：「如果發生〇〇的情況，你打算怎麼因應呢？」以便共享風險資訊，一起調整因應對策。

若是其他人根本沒有思考這些問題的話，也可以由你主動提出「如果〇〇的方式失敗，我們可以採取△△這個備案」等具體因應對策。

正確的風險管理，正始於正確理解風險。

需要先理解什麼⑨ 理解「角色」

每個人在工作中都有各自的角色及分工。

以公司的組織來講，總務、會計、業務銷售、製作、宣傳公關等部門，就是屬於大範圍的角色分工。

即使是在同一個部門或團隊之中，根據每個人所負責的工作內容不同，通常會再進一步細分出更明確的角色分工。

理解「角色」，就是清楚知道自己的角色是什麼、其他人（如：〇〇先生／小姐）的角色是什麼。

如果不夠理解各自的「角色」分工，就容易忽略自己應該做的工作，也可能去干涉別人的工作（越俎代庖、越職代理）。

當然了，分工界線模糊的情況其實並不少見。

搞不清楚工作究竟該由誰負責時，就必須主動與對方溝通，適時地釐清各自的角色分工。

充分理解自身「角色」分工的人，比較不容易與人產生誤解及齟齬，也懂得如何交代或分配工作給別人做。

尤其是身為領導者的人，更需要確實理解每個人的「角色」分工。

因為，確實理解每位下屬的角色分工，才能激發出下屬的工作動力，帶領好團隊或部門。

- **理解自己的角色分工**
- **理解他人的角色分工**

・**理解模糊地帶的角色分工**

工作時一定要牢記以上這3點。

需要先理解什麼⑩理解「行動」

工作其實就是「輸入情況↓輸出行動」的反覆循環。

舉例來說，假設有客戶詢問：「我無法登入帳號，怎麼辦？」（＝輸入情況）這時你就必須採取「向客戶說明登入方法」、「引導客戶更改密碼」（＝輸出行動）等行動。

如果放著這些情況不管，最後就有可能演變成客訴的情況。

充分理解自己的工作要採取哪些行動的人，在遇到任何情況時都能迅速做出適合的行動判斷，他們知道自己該採取什麼行動，或是交給誰負責。

例如製作報價單、聯繫客戶、向主管回報、修改網站文字、寫信約定見面時間、安排會議、交給其他業務員處理等等。他們知道遇到什麼樣的情況之後，就要採取哪些行動。

以下是判斷工作「行動」時的注意事項。

①要判斷是否由自己採取行動

②（如果要自己做的話）要判斷應該如何行動

③（如果不是自己做的話）要判斷應該交給誰負責

④要判斷行動的順序（決定優先順序）

假如你在判斷時出現「這是我應該做的事嗎？」、「我應該做什麼才對？」、「我應該從哪件事開始做才對？」等猶豫，請務必向其他人請教或確認。

假如對於後續要採取的行動遲疑不決，不僅容易造成問題或失誤，還可能讓別人覺得你是個不可靠的人。

第 6 章

將「理解」運用在輸出行動

1 以具體輸出行動，使理解真正內化

理解是為了輸出而存在

我們理解事物是為了什麼呢？

答案是：為了能夠應用在我們的人生與工作。

說得誇張一點，我們理解是為了讓自己及身邊的人活得更充實，為我們的人生增添豐富的色彩，也是為了讓整個社會更加富足安康。

如果你去理解只是單純為了擴充自己的大腦知識庫，並且也覺得這麼做（這個狀態）讓你感到很滿意的話，那當然也不是不行。

不過我認為，如果只有自己私藏那些經過理解的資訊，實在是很可惜的一件事。甚至可以說是你並未真正洞悉「理解的本質」。

分享自身的知識與資訊，用這些知識及資訊去幫助其他人，可以讓你自身的「信任存款」隨之增加。

因為，一定會有人因為你分享的資訊或知識而「受益」。

在別人受益的那一瞬間，你的信用存款就更多了一些。

你大方不吝嗇地分享自己的知識及資訊，而得到這些資訊及知識的人，最後也會回報你的分享。

回報的形式有很多種，消息、人脈、支持、金錢、時間等等。你分享的知識及資訊，最終都會以某種形式回到你身邊。

心理學有一個概念叫作「互惠原則」。「互惠原則」指的是人在接受他人的好意後，會自然地產生「想要回報」的心理。知識與資訊的分享，本質上就是一種「給予」。

「先成為給予者，才會成為被給予者」也是成功哲學中相當有名的一句話。我身為一位寫作者，至今為止採訪過數千人，深刻體會到這真是這世界上最真切、實在的一句話。

如果希望別人幫助自己，那麼自己就要先幫助別人；如果希望獲得別人的支持，那麼自己就要先支持他人。

理解也是一種「為了能做出貢獻，而累積自身實力與資源」的行動。

若真的理解「理解的本質」，就會明白這一點。

而且，習慣與他人分享優質知識及資訊的人，往往會吸引到更多優質的（或是新奇的）知識與資訊。

因為擁有的知識及資訊跟你同樣豐富的人，甚至是比你更加博學多聞、見多識廣的人，通常也「樂於和你進行知識及資訊的交流」。

這一點正是分享資訊與知識為自己帶來的一大恩惠。

其實人類都有著想為他人貢獻的本能。

擁有想幫助別人、想要跟人分享的心意，是人類的本能之一。

你的大腦絕對不會僅止步於自我滿足的理解。

相反地，你的大腦其實很積極地想要輸出、分享你所理解的一切（儘管你可能尚未察覺）。

因為「先成為給予者，才會成為被給予者」。

提升自身的理解力，並且充實及活化自己的大腦知識庫，會讓你獲得成為「給予者」的資格。

你要一直固守自我滿足的大腦知識庫，吝於與他人分享呢？還是要讓你的大腦知識庫升級，能為他人付出貢獻呢？要怎麼做，都取決於你自己的選擇。

從理解出發，做出「選擇與決定」

選擇與決定是人生中極為重要的行動。

要從事什麼樣的工作、要住在哪裡、要與誰交往、要買什麼東西……就連每一天的工作，也要做出種種瑣碎的選擇與決定。

是的，人生本來就是由一連串的選擇與決定組成。

充分理解的人與欠缺理解的人，就會做出不同的選擇及決定。前者能做出「好的選擇及決定」，後者卻未必如此。

舉例來說，假設你正在考慮換工作。

你覺得對於新公司要有多深入的了解，才能讓這次換工作有好結果呢？

- **基本資訊（資本額、公司沿革、事業內容、營運情況、營收、營業利益、員工人數、企業理念等等）**
- **工作地點、工作時間**
- **薪資、獎金**
- **加薪與晉升制度**
- **工作內容**

・福利待遇、津貼、保險制度

大多數的人應該都會去調查這些基本資料。

只是，你必須了解的事情不只這些。

就大方向而言，你還應該了解「公司在業界的競爭力」、「公司的盈餘保留率」、「事業的未來發展」、「員工的平均在職年數」、「經營團隊的成員」、「企業文化（職場氛圍）」等。就細節而言，則應該去了解「自己的能力會在什麼樣的環境下如何發揮」、「一天的工作流程」等等。

想要更深入了解那一間公司的話，也可以向該公司的現職員工、競爭對手的公司員工、任職於該公司的學長姐打聽，或是透過各種管道，蒐集各種資訊。

甚至還可以打聽看看那間公司服務的使用者（也就是客戶）意見，或許也有機會看出那間公司的真正面貌（因為能讓你有更深入的理解）。

假設你決定跳槽到一間名氣大、業績好的公司，結果才發現公司「唯利是圖」，不僅績效指標嚴格，各自為政的組織結構更讓人覺得飽受精神霸凌。後來深入了解，你才發現那間公司的員工平均在職年數極短，而你察覺到了這一點，說不定後來也很快地就選擇了離職。

這正是理解不夠深入所導致的選擇失誤。

擁有不論做出什麼選擇都能逆轉錯誤的能力，當然也是很重要的一件事。

不過，那跟我們正在談的理解力又是兩回事。

我們做的選擇與決定，都取決於自己當下對於事物的理解程度。

你現在是否正面臨重大選擇或決定？

如果是的話，那麼你對這件事有多少理解？理解的程度又是如何？

若要做出好的選擇與決定，不僅要做到最基本的理解，更要留意那些隱藏在

背後（不易察覺／隱藏）的訊息。

從各個不同的角度進行理解，必能在你做選擇及決定時助你一臂之力。

從理解出發，精進表達及寫作方式

理解力對於「言說」與「書寫」等輸出行動有相當大的影響。

一個人若是理解力不足，就代表大腦知識庫中的「理解思維箱」散亂不已，因此很容易傳達出一些讓人難以理解的資訊。

相反的，一個人若具有足夠的理解力，則代表大腦知識庫的「理解思維箱」有條不紊，所以有辦法清楚地將資訊傳達給對方（聽眾或讀者）。

請你閱讀以下這段原文。

原文

如果要我推薦回顧文章的方法，列印也是不錯的選擇。這樣比較容易發現錯漏字、文體或脈絡不通順等問題。這樣能讓自己正視自己寫的文章，有時才會發現自己的說明不完整。光是默讀還不夠，因為這樣很難注意到前面說的錯漏字等細節。節奏感不好的文章不能算是一篇好的文章，所以不能只是默讀，一定要朗讀出來。不過，如果把所有的文章都列印出來的話，也是要耗費一些時間成本跟金錢成本（也浪費資源）。這種方法應該用在重要的文章上。

你看了這段文字後，應該也覺得很不通順，搞不清楚在說什麼。這就是內容未經整理的典型例子，寫作者直接把「凌亂的知識箱」丟給對方。

這種寫作方式（或說話方式）之所以不好，就在於接收者只能被迫自行整理內容。而且丟出這個知識箱的人，完全不覺得自己哪裡不對。

因為他們會覺得「反正我都把資訊告訴你了，你能不能理解不關我的事」。

沒關係，我來修改一下這段文字吧。

修正文

①若要我推薦一個回顧文章的方法，我的建議是「列印出來閱讀」。【↓結論】把文字列印成紙本的話，閱讀起來會有不一樣的感覺，而且還能以更開闊的視角，正視自己寫的文章內容。【↓理由】這樣一來，我們也會比較容易發現「錯漏字」、「文體不一致」、「文章脈絡不通順」、「說明不完整」等問題。【↓具體例子】

②不過，把所有文章都列印出來的話，也要耗費不少時間跟金錢（也會浪

費資源）。所以，如果要使用這個方法的話，最好是運用在自己認為「這篇文章很重要！」的重要文件上。【↓補充資訊①】

③另外，你在閱讀印出來的文章時，最好還要朗讀出來，不要只是默讀。因為這樣也會更容易發現文章中的問題，還能順便確認文章讀起來的節奏感，可謂一舉兩得。【↓補充資訊②】

修改完之後，這篇文章就變得比較好讀，也讓人覺得更容易理解。

以下是我在修改時著重的3個重點。

①將資訊進行分組

我大致將這篇文章分成①～③組。

只看第①組的話，還可以再細分成「結論」、「理由」、「具體例子」等3個小組別。更進一步來看，「具體例子」這一個小組還可以細分為「錯漏字」、「文體不一致」、「脈絡不通順」、「說明不完整」等4個小組。

也就是這個大型知識箱收納了好幾個中型的知識箱，中型知識箱中又收納了一些小型知識箱。

讓人容易理解的發言或文章，往往都是具備這樣的「巢狀結構」。

②修改成對方容易理解的順序

即使具備了這樣的「巢狀結構」，但如果傳達的順序不適合的話，也會讓閱讀者或聆聽者的理解程度受到干擾。

舉例來說，如果前面修改的文章是依照③→②→①的順序來排列的話，閱讀者肯定會覺得理解起來很費力。

傳達的基本原則是由大至小，也就是依照「主幹→分枝→末葉」的順序。

③ 使用自然通順的詞句

原文的「如果要我推薦一個回顧文章的方法，列印也是個不錯的選擇」並不是很自然的句子（句子的意思不自然）。相反的，修改之後的「若要我推薦一個回顧文章的方法，我的建議是『列印出來閱讀』」就自然許多。

同樣的，原文中的「應該用在重要的文章上」會讓人覺得語意不詳，而修改過後的「運用在自己認為『這篇文章很重要！』的重要文章上」則讓人更清楚這句話的意思。

不過，我知道有些人在閱讀前面那段原文時，雖然也跟其他人一樣覺得不太好讀，但還是有辦法稍微理解文章的內容。

這樣的人在面對這種凌亂的資料箱時，其實都有辦法試著去推測大概是什麼意思，對於接收到的資訊有大致上的理解。

因為他們具備了，充實且靈活的大腦知識庫，閱讀理解所需的「理解思維箱」也井然有序，因此他們也有辦法理解別人沒整理好的理解思維箱。

相反的，沒辦法理解原文在說什麼的人，則是因為大腦知識庫不夠充實及靈活，閱讀理解所需的「理解思維箱」也散亂無序，因此他們無法理解別人沒整理好的資料箱。

若要提升理解力，就必須運用這本書介紹的提升理解力的思維及方法，慢慢地讓自己的大腦知識庫愈來愈充實及靈活。

除此之外，在遇到像前面那篇不易理解的文章時，除了要思考為何難以理解，還要習慣想想：「如果是我，要怎麼寫才會讓人好理解？」

我還是要再重申一次，只要自己也有意識地使用清楚明瞭的方式輸出的話，自身的理解力自然就會有所提升。

2 解讀對方的理解程度

理解時別讓「情感」介入

容易將「情感」擺在「理智」之前的人，都必須特別注意這一點。

這類型的人會有什麼樣的舉動呢？舉例來說，當他討厭的同事表示「A方案比較好」的意見時，他可能會立刻站在反對立場，完全不管內容如何。更誇張的話，還可能把A方案批評得一文不值。

這就是理智被情感吞噬的狀態。

人在感情用事的狀態下，判斷事物的眼光就不可能準確。

工作進行順利時，也會出現這樣的狀態。

工作順利的話，心情自然就會愉快，看什麼都覺得滿意及順眼。

如此一來，便有可能沒認清楚資訊的好壞真假（也就是欠缺仔細查證），就衝動行事。

- **容易感情用事**
- **喜怒哀樂等情緒起伏大**
- **愛記仇**
- **情緒變化不定**

具備以上這些特徵的人，都應該好好檢視自己在面對及理解任何事物時，是否受到情緒的影響。

而且在嘗試理解時，還要有意識地穩住自己的情緒。

假如發現情緒搶走了主導權，那就試著深呼吸、暫時離開現場、做個體操、出去散步等等，透過這些方法轉換心情。

不過有時在人際溝通中（尤其是工作以外的場合），先談情緒反而是比較好的做法。因為只有察覺對方的情緒，並坦率地傳達自己的真心話，彼此才有可能更加理解對方。

有時過度壓抑情緒，也會讓身心靈疲憊不堪。

有時要穩住自己的情緒，有時則要顧及彼此的心情。懂得視情況而定的人，不僅工作上更容易有好的表現，也能與他人建立良好的人際關係。

工作上講道理，私底下談情緒

工作

- 容易感情用事
- 喜怒哀樂等情緒起伏大
- 愛記仇
- 情緒變化不定

在理解工作上的事情時，應該先穩定好自己的情緒。

私下

體察對方的情緒，坦率地說出自己的真心話，彼此才會更理解對方。

有時要穩住自己的情緒，有時則要顧及彼此的心情，要懂得視情況而定。

讓「動機」成為理解的動力

你可能也曾經在處理某些工作時覺得很煩躁，心想：「為什麼這個人就是沒辦法理解啊？」

即使一直對那些無法理解的人說：「你要理解啊！」情況也不會有任何改變。因為，他們根本就沒有想要理解的意願。

換個方式來說，「想要理解的意願」也就是「動機」。

動機指的是「驅使人產生某種意志或行動的原因」。有些動機是有意識的，有些動機則是無意識的。

如果是打算換工作，肯定會拼命地研究「產業資訊」以及「企業資料」吧。

下定決心在一年內存到100萬日圓的人，就會努力找出各種節省開銷的方法。

工作職位突然被調到商品開發部門的人，則會開始學習商品開發的相關知識，也要研究競爭對手的商品。

在思考「要理解什麼」的同時，像這樣反過來想一想自己做這件事的動機是什麼，也是非常重要的一點。

如果這件事剛好是自己喜歡的事、覺得做得開心的事，那它本身就是一種「動機」。

動機的有無與強弱，會直接影響我們的理解力。

擁有強烈的動機可以大幅提升理解力，這一點是無庸置疑的。

假如你發現你的下屬或後輩是那種「不管講幾次都理解不了（無法理解）」的人，那麼試著賦予強烈的動機，或是幫助對方察覺內心深處沉睡的（自己尚未

意識到的）動機，也能有效地讓對方提升理解力。

舉例來說，假設對方有創業的企圖心，那麼跟他說：「你趁現在精通網路銷售的話，在未來創業時就會成為你的利器喔。」也許就能喚起他的動機。

動機就是強而有力的理解引擎。對方原本對於使用網路銷售完全沒興趣，卻因為有了這個動機而開始學習，並慢慢掌握住每一種網路銷售的方式，說不定還可能鑽研出轉換率極高的網路銷售術。

沒有任何動機，只是強行灌輸的理解，無異於「畫餅充飢（根本沒有實用價值）」。想必你應該也認同這一點吧。

有些事物的確讓人產生不了任何興趣，但只要試著與「自己感興趣、關注的事物」產生連結，還是有可能激發出新的動機。

你為什麼想要去理解那件事呢？

你應該怎麼做，才會讓自己產生更強烈的動機呢？
不妨趁這個機會，好好想一想吧。

如何判斷對方是否理解

有個方法可以判斷對方是否真正理解你所傳達的內容。
那就是**讓對方說明看看**。
即使對方自己說出「我理解了」，你也無法真的確定他是不是真正理解。
就是因為這樣，我們才要讓對方自己說明看看。
假如對方真的理解了，那麼他就有辦法說明清楚；但如果他並未真正理解，那他的說明就會有所偏差或錯誤。

「請你說明一下〇〇的內容。」

「請你談談關於〇〇，我想確認你的想法。」

「你可以教我〇〇嗎？」

你不妨試著這樣開口，引導對方說明看看。

而你要確認對方的說明是否無誤，當然也是在考驗你的「聆聽力」。你必須因應主題，好好判斷對方是否掌握住重點、真正理解了意思、掌握了流程、理解了目的，以及是否理解應該採取的行動等等。

如果對方說明的內容明顯有誤，也請你直接指出說明有誤的部分。

如果你覺得對方的說明聽起來有些奇怪、不通順，有可能就是對方並未正確理解內容（或是理解得不夠精準）。

遇到這種情況時，可以進一步提問「你說的△△是什麼意思？」、「可以請你更詳細解釋一下關於△△的部分嗎？」、「如果是□□的情況，那麼△△會怎麼樣呢？」透過這些更深入的提問，可以精準地測量對方的理解程度。

當你做出的判斷是「他還沒理解（或理解太粗淺）」時，你就必須進行解釋與補充說明，引導對方正確地理解。

當對方在你的引導之下，終於達到真正理解的那一刻，我相信不只對方感到開心，你肯定也是如此。

透過「即時暫停」重新思考與檢討

「即時暫停」教學是足球常用的訓練方式。

當教練對於球員的決定或行動有一些想法時，就會暫停比賽，讓球員思考自己的判斷跟決定。

教練可能會問球員A：「為什麼你剛才不選擇射門，而是傳球給B？」同時也會詢問球員B或守門員：「你們怎麼看A的判斷？」接著詢問其他球員：「你們對於A剛才的決定有什麼樣的看法？」讓所有球員一起去思考。

這種「即時暫停」指導方式的用意，在於可以加強每一位球員「先動腦再踢球」的意識，不讓球員習慣性地（沒多想就這麼做）踢球。

透過這樣的思考訓練，球員就能真正理解「足球的戰略及戰術」。

這種思考訓練也能應用在我們的工作與日常生活。

當心中出現遲疑，覺得：「嗯？好像不太對……」時，請記得給自己喊暫停，思考一下：「我的選擇真的沒問題嗎？」、「我的理解是對的嗎？」這麼做可以讓我們重新思考那些「自以為已經理解」的事物。

當我們意識到「原來自己的理解是錯的」或是「我的理解還是太過粗淺」時，大腦知識庫才會進行更新。

若是經過重新思考、討論以後，確定原本的選擇、決定或理解「沒有太大的問題」，那當然也沒關係。因為能夠確認「原來當初的理解是正確的」，就代表自己的「理解是足夠深入的」。

心中產生任何遲疑時，就代表你該進行「即時暫停」思考。

若你是主管或團隊的領導，引導下屬或團隊成員一起思考，不但能建立彼此的共識，也能朝著解決問題的方向往前進。

透過輸出行動提升理解

並不是所有事物都可以按照「先理解→再輸出（說出來、寫下來）」的順序來進行。

有些時候正是因為還沒完全理解，才更需要透過輸出「輔助理解」。

舉例來說，假設你看完某部電影以後，覺得電影非常有趣。

但你卻沒辦法很順利地用言語表達這部電影的有趣之處。

這時要做的就是**「不管三七二十一，試著輸出就對了」**。

只要把此刻腦海中閃過的想法或感受寫下來或說出來，大腦就會開始啟動思考模式。

例如：當你寫出「為什麼主角要那樣做？那是因為……」以後，你的大腦就會開始去思考主角這麼做的理由。

這樣一來，你就會更容易推測出這個問題的答案，例如：「有可能是因為他從小就沒有被母親好好地照顧，所以才導致他這樣」等等。

語言是思考的引信。

很多時候，「腦袋正在思考」的狀態其實是「好像在思考」的樣子而已，實際上只不過是腦中的思緒在原地打轉。

只有透過有意識地啟動思考，才能讓思緒脫離原地打轉，進入「真正在思考」的階段。如此一來，才會更容易進一步加深理解。

成為一個「對任何問題都來者不拒的人」，也是快速提升理解力的好方法。

你可以試著跟別人說：「你可以問我一些關於〇〇的問題嗎？」試著主動請別人向你提問。

你若能夠立刻給出清楚的答案，就表示你已經理解得很好。

相反的，如果你一時之間答不出來，或是答得亂七八糟、囉哩囉嗦的話，就表示你還沒有真正理解。

不過，這時正是你加深理解的最佳機會。

請試著整理你的思緒以及手中的資訊，努力回答對方提出的各種問題。

透過「提問」，能讓你手中的資訊更有條理，也讓你的理解更加深入。

我每星期都會上傳幾部影片到YouTube。

內容大多在聊寫作技巧與工作方法。

有些主題已經講過了好幾次，但是每當我重新談及時，我發現有些理解還是太過粗淺，不夠透徹。

這樣的發現，也證明我對於那些主題有更進一步的理解。

對我來說，拍攝這些影片也能讓我不斷地自我成長。

不容易提升自身理解力的人，通常也都會逃避表達。他們逃避的理由五花八門，「沒自信」、「怕出糗」、「怕說錯」等等。但是不管逃避的理由是什麼，逃避表達等於讓自己錯失了更進一步理解、正確理解的機會。

假如你真的想要提升自己的理解力，就絕對不能害怕表達。不過你也不必太擔心，因為**表達有九成靠的是「習慣」**。只要持續地練習表達，漸漸地就不再那麼害怕出糗或覺得可怕，也會對自己的理解愈來愈有信心。

不要逃避「理解他人」

在人際關係中，想要理解對方的心意是非常珍貴的。

一樣米養百樣人，社會上有著各式各樣、形形色色的人。

每個人的想法、意見與價值觀各不相同，是再正常不過的事。

努力嘗試去理解對方「原本的樣貌」，可以讓自己跟別人建立起穩固的信任關係。

此外，試著站在對方的立場，用對方的角度去看待事物，也會讓我們漸漸地理解對方。

想要理解對方，這件事本身就是「愛」。

發現對方的價值觀、想法跟自己不同，便選擇放棄跟對方來往，其實是非常容易的一件事。

但是，這樣輕易地放棄跟人來往，對自己而言也不是一件好事。

因為這等於是放棄了拓展自己的人生視野。

理解與自己不同的觀點與價值觀，並且接受這些觀點及價值觀的存在，才能真正自己帶來自我成長。

對於「理解他人」這件事感到痛苦或抗拒的人，也許是把「理解」與「同意」混為一談了。

如果以為理解對方就等於必須同意對方，那當然會讓人感到沉重的壓力。

理解他人其實可以是一件很輕鬆的事。

只要我們能夠察覺「啊，原來你是這樣想的啊」那就足夠了。**唯有明白「原**

來世界上有這麼多不同想法與價值觀的人」，自己才會有所成長。

當然，在這個過程中，我們不需要去評論對方或對方的觀點。只要心平氣和地接受這樣的現實就好了。

如果說「理解他人」是一種「共鳴」的話，那就用「原來你的想法跟價值觀是這樣啊」的角度去共鳴吧（這並不等於「贊同」）。

你就是你，別人是別人。學會把彼此分開來看，心情也會輕鬆許多。

世界上沒有任何一個人會跟自己完全一樣。

讓自己接受這一點，懷抱著愛去理解別人吧。

結語

只要按下某個開關，理解力就會提升。

要是人類的大腦是這麼簡單的構造，那該有多好啊。

只可惜這樣的開關並不存在。

提升理解力所需的因素並不只有一項。

表達能力、推測能力、「理解思維箱」的統整、目的意識、文脈理解、啟發動機等等，這些要素彼此交織、相互影響。

這本書也對每一項要素都做了全面性的介紹。

我們雖然沒有這樣的開關可以按，但是換個角度來想，只要確實把握住每一項要素，那麼最終提升的能力，毋庸置疑就是理解力。

你缺少的是哪一個部分呢？

也許是接觸更多語言的機會，也許是主動思考的意識，也可能是必須增加自己的輸出量，每個人欠缺的部分都不一樣。

有些人最大的挑戰，更可能是必須突破「自以為已經理解」的高牆。

無論缺少的是什麼，能察覺自己「欠缺的要素」，就是一大進步。

因為「現在能察覺」就代表，自己以後「依然能意識到自己的不足」。

理解力不僅是學習與工作的重要能力，更是人生道路的基礎。

寫作能力、口說能力、溝通能力、行動力、創意能力……我們所需的一切能力都是建立在「理解力」的基礎之上。

換句話說，只要加強自身的理解力，所有的能力都會全面提升。
我已經把提示與訣竅都告訴你了。
接下來就看你的意識與行動。
隨著理解力的提升，你的工作與人生將會迎來轉機。
盡情享受這個轉變的過程吧。

理解力的提升不僅讓你隨時都能做出準確的判斷與決定，也會讓你的問題解決能力有突飛猛進的提升。
當然了，你的溝通能力也會不斷地進步。
理解力是讓人生變得更美好的最短捷徑。
這本書是我在二〇二〇年出版的書籍《摘要力：刪掉9成重點，比別人強10倍的表達力》的姊妹作。

能夠同時掌握「摘要力」與「理解力」這兩項武器的人，必定能在這個超資訊化社會中，強韌且輕盈地活出自己的人生。

在此由衷感謝日本實業出版社的荒尾宏治郎先生，不管是這一本書，還是上一本著作，感謝您同樣給予我大力支持。

另外，我還要感謝我的妻子朋子以及女兒桃果，妳們就是我最大的活力來源，感謝有妳們一直以來的陪伴。

最後，致閱讀本書的你：由衷祝福你的理解力日益精進，願你的人生更加光彩奪目。

二〇二二年四月　山口拓朗

Special Thanks

～感謝有你們的支持與協助～

石川禮子、Nike、牧野耀子、桐谷淳一、
金子英明、川口玲子、表洋子、山川翔、
中田潤子、倉島麻帆、Konjirei、香川花子、
Ereisu、南野原tsutsuji、竹安由美子、
片山陽子、齋藤好美、瀨戸山孝之、
高橋伸典、加藤茜、里見幸榮、石牟禮朋代、
水野里美、川原禮子、森陽衣、福留文治、
草刈MARTHA、松岡靖浩、秦洋一、後藤洋子、
神保季文、安藤文仁、小池舞子、
伊東愛美、臼井晴雄、森泉亞紀子、岩橋鈴子、
高野純代、大川淳子、祝子、金城真知子、
法蘭・索亞根子、兒玉里美、Nonpa、
深野千尋、川口梓、MOMO、
中山純子、中山郁美、西脇美惠子、川崎笑美